提升学生综合素养的
情境游戏活动设计

TISHENG XUESHENG ZONGHE SUYANG DE
QINGJING YOUXI HUODONG SHEJI

魏颖◎主编

江苏凤凰教育出版社
Phoenix Education Publishing, Ltd

感谢您使用本书。您在使用本书时如有建议或发现质量问题，请联系我们。
【内容质量】电话：4008283622
【印装质量】电话：4008283610

图书在版编目（CIP）数据

提升学生综合素养的情境游戏活动设计 / 魏颖著. —南京：江苏凤凰教育出版社，2024.10

ISBN 978-7-5743-0848-0

Ⅰ.①提…　Ⅱ.①魏…　Ⅲ.①儿童—游戏—设计 Ⅳ.①G898

中国国家版本馆 CIP 数据核字（2024）第 029236 号

书　　名　提升学生综合素养的情境游戏活动设计
作　　者　魏　颖
责任编辑　马　笑
出版发行　江苏凤凰教育出版社（南京市湖南路 1 号 A 楼　邮编 210009）
苏教网址　http://www.1088.com.cn
照　　排　北京世纪鸿文制版技术有限公司
印　　刷　三河市同力彩印有限公司
厂　　址　河北省廊坊市三河市皇庄镇赵庄子村
开　　本　787 毫米 × 1092 毫米　1/16
印　　张　12
字　　数　207 千字
版 印 次　2024 年 10 月第 1 版　2024 年 10 月第 1 次印刷
书　　号　ISBN 978-7-5743-0848-0
定　　价　52.00 元
网店地址　http://jsfhjycbs.tmall.com
邮购电话　025-85406265,025-85400774
邮　　箱　jsep@vip.163.com
盗版举报　025-83658579

序

从事班主任、年级主任工作多年，我经常苦恼于孩子们课间玩什么最安全。如果让孩子们在课间随意疯跑，追逐打闹，就很容易出现安全事故。孩子受伤，家长难过，学校担责，这是所有班主任最不愿意看到的，更是家长们不想孩子遇到的，这样的事情处理起来让人费心劳神。

于是我们便萌生了汇编一本游戏指南的想法——教孩子、教老师、教家长怎么玩儿。在学校的有限空间内，孩子们可以怎么玩儿？在家中跟父母，又可以玩儿什么？

如果这本书能带给教师们或家长们一点儿启发，让孩子们玩儿得安全、开心，既减轻教师的工作负担，又能让家长放心，我们的初衷也就达到了。欢迎各位读者朋友与我们一起开发资源，携手为孩子的健康、快乐成长提供更强有力的支撑，毕竟，我们的孩子得到好的教育需要全社会的支持。

编　者

目 录

专注力培养篇

想象力培养篇

思维力培养篇

表达力培养篇

情感力培养篇

协作力培养篇

专注力培养篇

身体传声筒

深圳市福田区外国语学校（香蜜）　潘荣纯

一、游戏介绍

1. 游戏目标和适用性

这个游戏在班级学生中展开，能够提升学生的专注力和协作力，使他们感受到在集体生活中不是一个人在“战斗”，体会到团结和信任的重要性。这个游戏适用于新学期开始，可以帮助我们很好地破冰，快速消除同学之间、同学和老师之间的陌生感，让同学关系、师生关系更加亲密，实现师生情感的升华，增强班级的向心力、凝聚力。

2. 功能导图

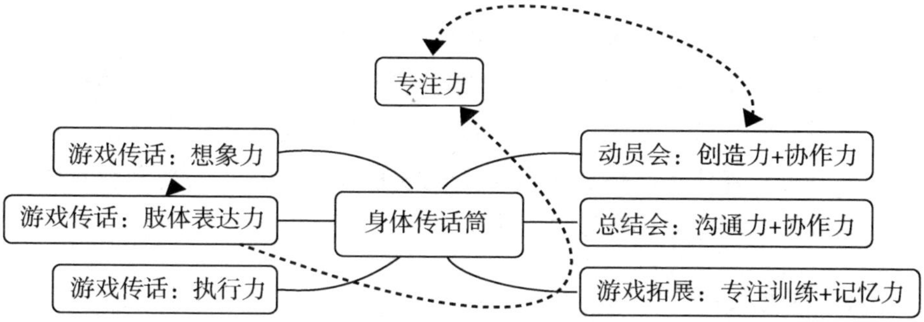

3. 游戏信息表

游戏名称	身体传话筒
适合年龄	7 ~ 12 岁
游戏参与者	班级同学
游戏目的	初步培养儿童的专注力和团队合作能力
游戏场地	操场等空旷处
游戏用具	秒表、小纸条若干、圆珠笔两支、比赛记录表
游戏时长	15 分钟
我的评价	☆☆☆☆☆☆☆☆☆☆

4. 游戏准备

（1）教师确定游戏难度系数。

（2）准备小纸条若干、圆珠笔两支，请两名班干部收集传话的内容。传话内容要通俗易懂，且易表现，易操作。

（3）教师选择要传的词语或者句子，并写在纸上。

（4）分队和排队时，注意男女平衡，动静搭配。

5. 游戏规则

根据难度系数的不同，游戏规则也不同：

难度系数1.0，听力传话筒，游戏规则是要求游戏者小声说，用心传。没被传到的学生须保持立正，不可干扰他人。各小队都只有排在最后的学生能看到纸条上的字，老师说开始后，从后往前传，一个一个传，声音不能让第三个人听到。如果声音太大被其他人听到，则取消比赛资格。由排在第一个的学生告知老师小队所传递的信息，看哪队传得又快又准。

难度系数2.0，小手传话筒，游戏规则是要求排在队伍最后的同学看到纸条上的字后，通过在前一名同学的手心写字来传递信息。没被传到的学生保持立正，不可干扰他人。传递过程中不能出现语言提示等作弊行为，一旦发现有作弊行为，该队成绩作废，看哪队传得又快又准。

难度系数3.0，身体传话筒，游戏规则是用动作让下一位同学明白传话的内容，不可发出声音。一个一个传，没被传到的学生保持闭眼立正，背对传话方向，不可干扰他人。传递过程中不能故意发出声音，一旦发现有作弊行为，该队成绩作废，看哪队传得又快又准。

二、游戏点评

这个游戏分为三个难度系数，可以层层推进，也可以任选其一。该游戏易于激发学生的兴趣，提升学生的专注力，使学生有所感悟。通过该游戏，学生能够掌握提升专注力的技巧，形成“专注—感悟—思考—总结”的思考习惯。此游戏建议由班干部组织，班主任在一旁观察，适时给予帮助与引导即可。

三、案例分享

玩中学，玩中悟

“老师，为什么我上课总是溜号儿呢？我特别羡慕别人专注听讲的神情！”……有什么办法能让这些孩子提高专注力呢？

“开学好几天了，我还没有交到特别要好的朋友，有时觉得有点孤单，想回家。”我深知这种孤独，毕竟，我也曾是一个性格内敛的孩子，当时我特别希望有同学愿意走近我，牵起我的手，让我在班里不再像个“小透明”。

于是，我决定利用阳光大课间的时间，在操场上组织一次班级活动，让孩子们明白每一位同学都值得被珍视，明白专注力的重要性。

下午，太阳暖洋洋地铺洒在大地上，我将所有孩子分为四个小队。几位性格内向的孩子被我重点关注，安排在队伍的中间，这样，他们即便羞涩，也必须逼迫自己踏出第一步，去跟他人沟通。

“第一关——听力传话筒，小声说，用心传，没被传到的学生保持立正，不可干扰他人。四个小队都只有排在最后的同学会看到纸条上的字，当我说开始后，从后往前传，一个一个传，声音不能让第三个人听到，如果声音太大被其他人听到，则取消比赛资格。我们看看哪个小队传得最快。”当我宣布游戏规则后，学生们欢呼雀跃，这对他们来说真是小菜一碟。第一关其实只是热身赛，孩子们的比赛成绩十分接近。

第二关——小手传话筒。站在最后的同学看到纸条后，通过在前一名同学的手心写字来传递信息，过程中不能出现语言提示等作弊行为，一旦发现，该队成绩作废。

在这个环节我特意设计了非常简单的词语，如儿子、太阳等学生熟悉或近期学习的词语。孩子们在手心写字，一个接一个，轻笑着完成了这一轮传话。本来生疏的同学通过这短短的几分钟，拉近了距离。同时，学生需要专注地感受同学写在他手心的字，从而培养了专注力。

第三关——身体传话筒。我设置了一串数字，如180975，没有任何规律，学生不能发出声音也不能对口型，如何才能传得又准又快呢？我鼓励学生小组讨论，可以用特定的动作来代表某个数字，也可以用动作的次数代表某个数字，或者用动作比画，只要能够传递，各种方法皆可尝试。通过简单的引导，孩子们纷纷建言献策，5分钟后，各队定下了属于自己的专属方法。

比赛开始，竞争非常激烈，结果也相对悬殊，小队内难以避免地产生了一点儿小冲突，有的同学开始抱怨，甚至指责某一同学表现不佳，反应过慢。问题爆发的时刻，正是德育的最好契机。我让孩子们先安静下来，告诉他们抱怨和指责无济于事，我们该做的是反思比赛过程中自己是不是已经做到了最好，如果是，请将方法和技巧分享给队友，如果不是，就坦诚地告知队友自己的难题，及时求助，团队共同解决。赛后的 5 分钟虽没有赛前的欢喜与热烈，但多了一分深思与交流。

再一次闯第三关，孩子们更加专注，更加默契了，所用时间自然比前一次都要少得多。我公布了每一队的数据，并告诉孩子们，真正的对手是自己，只要不断超越，就是卓越。在玩中学，更在玩中悟，这就是团体游戏的意义。

四、游戏感悟

童言稚语

学生 A：动员会上，大家想到了好几个新点子，传话时大家非常专注，用眼神和手势为组员加油，这就是我们获胜的秘诀！

学生 B：前面几个同学都很准确地传话成功了，没想到最后一个同学被别的队干扰溜号了，导致我们输了比赛。不过没关系，第二关大家都很专注。通过这次比赛，大家深刻地认识到，专注力太重要了，不仅在游戏中具有重要作用，在学习中也一样！

学生 C：这个游戏让我发现交朋友并不难，只需要自己踏出第一步，主动积极地沟通，笑脸总能换来笑脸的。在游戏过程中，我好像还是打不开思路，想出来的办法比较少，更多的还是在学习别人，这让我有点儿沮丧。

超级定定定

深圳市福田区福田小学　叶彩苏

一、游戏介绍

1. 游戏目标和适用性

这个游戏可以在学校开展，也可以在家里与亲人互动，游戏场所可选择的较多，室内、室外均可。这个游戏旨在提升孩子的专注力，提高孩子的肢体协调能力，培养孩子的团结协作能力。由于游戏的难度层级不同，所以能激发孩子们在游戏中产生自我进步感，从而增强自信。

2. 功能导图

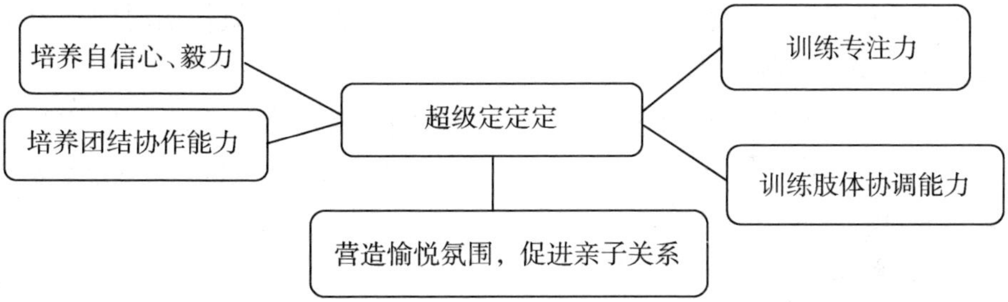

3. 游戏信息表

游戏名称	超级定定定
适合年龄	7～12 岁
游戏参与者	学生和教师，孩子和家长
游戏目的	培养儿童专注力和身体协调能力
游戏场地	较为空旷的室外，杂物不多的室内
游戏道具	字母、数字、形状等卡片
游戏时长	15 分钟以上
我的评价	☆☆☆☆☆☆☆☆☆☆

4. 游戏规则

（1）一个人（A）站在最前面，背对其他人，其他人与 A 保持两米或以上距离。

（2）其他人间隔一定距离，互不影响。

（3）游戏开始后，大家都慢慢向 A 移动，当听到 A 发出“一二三，定！”的指令后，每个人都必须停止移动，并保持当下的姿势不变，改变了动作的人被淘汰，到休息区等候下一轮游戏。最先碰到 A 为胜，胜出的人可以成为下一次喊口令的人。

（4）游戏分三轮进行：第一轮为个人动作，不做具体要求。第二轮为2～4 人合作，摆出指定数字或字母，并同时向 A 移动。第三轮为集体合作，摆出指定的形状，集体向 A 移动。

（5）根据难度系数的不同，游戏规则也不同：

难度系数 1.0，参赛者个人可以随意做动作，不做具体要求，最先碰到 A 即可获胜。

难度系数 2.0，同时参赛的 2～4 人需在定住时合作摆出一个指定的数字或字母，并同时向前移动，最先碰到 A 即可获胜。

难度系数 3.0，集体合作做动作，摆出指定的形状，集体同时向前移动，最先碰到 A 即可获胜。

（注：可以改变口令，换成大家比较喜欢的、有趣的说法，如“ABC，定定定”。可选出裁判进行更公平的判断，让大家更有规则意识。人员太多时，可以分批进行游戏。）

5. 注意事项

（1）准备 3～5 张写有字母、数字和画有简单形状的卡片。

（2）每次游戏选定至少 6 人，方便分组进行第二轮和第三轮。

（3）开始游戏前要确定谁是站在最前面喊口令的人。喊口令的人把握好时间间隔，最好是 5 秒左右喊一次，让其他人有时间去变换动作和向前移动。

（4）遵守规则，公平竞争，淘汰时能够耐心在休息区等待下一轮游戏。

（5）注意场地选择，提醒孩子向前移动时注意安全。

二、游戏点评

孩子们虽然每天都能在学校或家里与朋友及家人相处，但是缺少集体玩耍和出游的机会。这个游戏能激起孩子的冒险心，让他们感受刺激、心跳时刻，同时锻炼了专注力，学会听口令，最重要的是能够在第二轮和第三轮的游戏中感受到互助合作的愉悦，培养合作能力。孩子们一旦动起来，就能抛开烦恼、压力，从而在欢声笑语中缓解学习的紧张和疲乏。大人和孩子一起互动，会在游戏过程中发现孩子更多的闪光点和可能性。

无论是把这个游戏当作亲子游戏还是师生互动，或是孩子们之间的玩耍，都是一个不错的放松方式。因为爱玩，才能玩出花样，“超级定定定”是变革版“木头人”，不同于传统的形式，能带给孩子更多乐趣。也许，我们还能创造出更多种不同的玩法。

三、案例分享

一场游戏　互助共赢

课间的奔跑声源源不断，孩子们的争吵、尖叫声也从未停歇。这样的课间娱乐方式让老师们头疼不已，让穿梭在“枪林弹雨”的过道中的师生每日惶恐不安。于是，我就想到了这个简单好玩的“超级定定定”游戏。

先声夺人，保持神秘。课前，我告诉学生们，如果我们的课堂效率高，课间就带他们一起玩游戏。大概是觉得新鲜，觉得难得从老师口中说出“游戏”这两个字，所以同学们表现得异常积极主动，课堂效率极高。

下课铃声响起，学生迫不及待地问我：“老师，我们要玩什么游戏？”我说：“走，我们排队到操场上去。”说到玩，学生们都两眼放光，只要不在教室，去哪儿都特别迅速。于是，他们以最快的速度赶到操场，席地而坐等我的指示。

我先讲了游戏规则，然后让他们猜到底是什么游戏，他们一下子就说出了是“木头人”。不过也有很多同学发现，这是变革版的木头人——“超级定定定”，他们都觉得这是个不错的挑战。

第一轮的游戏开始了，我先来当喊口令的人，同学们都信心满满，因为只要跑得快，定得住就可以获胜。第一轮比赛，被淘汰的同学不多。等到第二轮需要组队的时候，同学们开始紧张起来，因为要相互配合，所以在我喊出“一二三，定!”时，很多同学都措手不及，还没开始摆姿势就已经被淘汰了。休息区里，他们都愤愤不平，但慢慢发现观赛也很有意思。

最刺激的是第三轮——集体合作完成动作。在这轮游戏中，我特意拉长了喊口令的间隔时间，好让学生先商量出如何摆出一个星形。他们都很兴奋，组织能力强的学生指挥，想法多的学生提供好点子。在一次次口令中，学生们不仅做出了要求的动作，还能稳步移动。我的每一次转身都让他们异常紧张，几次口令下来他们越发默契，合作得非常好。当胜利的时刻到来，他们尽情欢呼，真的太不容易，太令人骄傲了！

这个游戏不仅让学生们释放了精力，也发挥了脑力，更培养了合作力。从此以后，课间奔跑的现象减少了，自行组织更有趣的游戏的同学多了。学生们的娱乐方式也在增加，也在变化，这是多么让人喜闻乐见的事啊！

四、游戏感悟

1. 童言稚语

学生 A：这个游戏让我觉得很新奇，虽然我也玩过“木头人”游戏，但是这个改良版的玩法很特别，我还想再玩。

学生 B：原来以前玩过的“木头人”游戏还可以更有挑战，我跟同学的合作很顺利，每次玩的时候都能够很快反应过来，知道要摆出怎样的动作，并且相互配合着向前移动，所以我们总是获胜！

学生 C：第一次被淘汰后，我很失落，坐在休息区就总想冲上去和留在场上的人继续玩，所以好几次忍不住扰乱他们。下次我要小心谨慎一些，也要更有耐心一些。

学生 D：我把游戏带回家，家庭聚会的时候跟家人一起玩。他们也很喜欢这个游戏，舅舅和阿姨们也不例外。我还发现大人其实一点儿都不灵活，获胜的都是我们这些小孩！

2. 家长感言

家长 A：这个游戏让我们缺乏运动的大人都动了起来。看着小朋友们玩得那么开心，笑声充满房间，感觉自己也像个孩子找到了久违的童心。时不时地玩一次游戏，也是一种很好的亲子互动方式啊！

家长 B：孩子回家跟我分享了改良版“木头人——超级定定定”的游戏，也说了很多关于游戏过程中的趣事。孩子说得很激动，还能总结出获胜的方法，如要选好队友，要相互配合，还要认真听口令等。我觉得孩子在游戏中学到的，也不比在书本上学到的东西少。

天气预报

深圳市松泉实验学校　陈翠莹

一、游戏介绍

1. 游戏目标和适用性

这个游戏可以在学校开展，也可以在家里开展。游戏场地的可选择性比较大，室内、室外均可。该游戏旨在提升孩子的专注力，促进孩子肢体的灵活性，让他们在游戏中感受快乐，健康成长。另外，在新学期开始玩这个游戏，还可以帮助孩子们之间的关系破冰，拉近彼此的距离，提升班级的凝聚力。

2. 功能导图

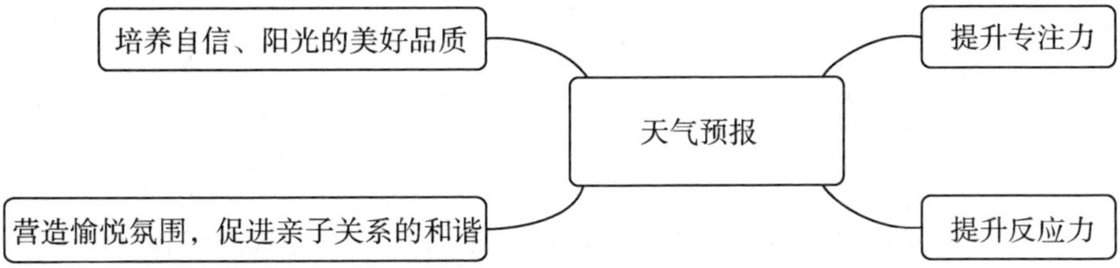

3. 游戏信息表

游戏名称	天气预报
适合年龄	6 ~ 9 岁
游戏参与者	家长和孩子、孩子和孩子、老师和孩子
游戏目的	训练孩子的专注力和身体的灵活性
游戏场地	室内或室外均可
游戏用具	1 ~ 2 块计分板
游戏时长	自由掌握
我的评价	☆☆☆☆☆☆☆☆☆☆

4. 游戏准备

（1）准备1～2块计分板。

（2）准备关于天气预报的词语卡片，上面要图文并茂，让学生熟悉天气预报的词汇，告知其对应的动作，并进行简单的练习，适当鼓励，让他们对活动更感兴趣，可以选一些同学做示范。

5. 游戏规则

（1）选一人当天气预报员，一人当小裁判，一人当记分员，其余十位游戏者面对天气预报员站成一排，游戏者和天气预报员相距3米左右。

（2）天气预报员发出口令，游戏者及时做出正确的动作（如下表），每做对一个动作得1分；如果没有反应过来，或者做的动作不正确，则视为失误减1分，记分员及时记录。

天气预报	回应的动作
小雨	拍两次手
大雨	跺脚
大风	拍肩膀
大雪	抱胳膊
大雾	双手遮住眼睛
雷电	双手捂住耳朵
冰雹	抱头蹲下

（3）一轮游戏结束后，得分最低者将和记分员或小裁判进行角色调换；得分最高者将和天气预报员进行调换；同一个人，失误3次则要表演一个节目。

（4）最后计算得分，排名前三的游戏者将获得小礼物。

（5）可以进行班级赛（老师和学生、学生和学生），也可以进行家庭赛，家长和孩子轮流担任天气预报员，比一比，看谁反应快。

（6）难度系数不同的情况下，游戏规则也不同：

难度系数1.0，天气预报员播报各种天气预报，其他人做出相应的动作回应。

难度系数2.0，天气预报员播报各种天气预报，其他人在做出相应动作回应的基础上，还要进行口头表达。除了“冰雹”外，听到其他天气预报后，游戏者都要一边做动作一边说“不怕”。没能反应过来的游戏者，算失误。

难度系数3.0，在孩子们熟悉了口令和动作之后，游戏速度可以根据实际情况进行调整，将口令间隔时间缩短，训练孩子们的反应能力和专注力。同时，小裁判认真观察整个过程，游戏者失误三次，则表演一个节目。

6. 注意事项

（1）玩游戏之前，要确保场地足够大，避免拥挤导致孩子受伤。

（2）玩游戏之前，需要带领孩子们做一些热身运动，以免扭伤。

（3）玩游戏之前，要让孩子们熟悉游戏规则，并了解天气预报及其对应的动作，可以先进行简单的示范和练习。

（4）找细心的孩子作为此次游戏的小裁判。

（5）指导要有耐心，适当夸奖，增强孩子的自信。

（6）认真讲解比赛规则、注意事项等，及时公布比赛结果。

二、游戏点评

统编版小学语文一年级下学期第一单元的“语文园地”部分，初次涉及与天气有关的词语，学生学习这些词语的兴趣比较浓厚，并通过学习了解到了一些常见的天气现象，但是仅仅停留在课本上的学习是比较枯燥的，如果能够和游戏结合起来，培养学生的综合能力，将是一个不错的选择。基于此，此游戏应运而生。一开始，我是带领在语文课上注意力不太集中的十个学生进行游戏的，通过玩游戏，提升了他们的专注力。后来，这个游戏由他们传播开来，越来越多的学生知道了怎么玩，并成为班级热门的课间游戏。这个游戏有以下几个优点：

1. 训练低年段学生的专注力

一到三年级的学生，普遍在注意力方面存在欠缺。课堂上，低年段的学生容易走神，这就是专注力的训练不足所带来的困扰。在这个游戏中，我们巧妙地训练了学生们的专注力，使他们的注意力在比较长的时间内能保持高度集中的状态，有利于他们综合能力的发展。

2. 训练学生的反应力

在“天气预报”这个游戏中，学生需要在短时间内做出准确的反应，在开口表达的同时，还要做出各种不同的动作，这些都对学生的反应力提出了更高的要求。

3. 培养学生自信、阳光的美好品质

游戏中，学生可能会成功，也可能会失败，老师和家长都要耐心地加以引导，培养他们自信、阳光的美好品质。

4. 营造愉悦氛围，促进亲子关系

这个游戏可以是老师和学生、学生和学生、家长和孩子一起玩。在愉悦的氛围中，师生关系、生生关系、亲子关系都会有所改善。

三、案例分享

“天气预报”游戏进行时

“耶！太好啦!”

当孩子们听到我要带着他们玩游戏后，都不由得鼓起了掌！

孩子们坐在教室里学一天了，身心倍感疲惫，这个时候带他们活动活动，舒缓一下心情，是大有裨益的。

“今天，我们玩‘天气预报’这个游戏……”在我介绍游戏规则的过程中，孩子们目不转睛地看着我，神情极为专注。我们一起熟悉相关的动作时，他们也很积极，一边听，一边跟着做。

“现在，老师要请一组同学来参与游戏!”孩子们都欢呼起来，把手举得高高的，有的孩子还怕我看不见，一边跳一边举手。

后来，我决定让每组同学都有机会参与，大家轮流游戏。

首先，我让参与游戏的孩子站到过道上，方便做动作。紧接着，我选择一位记分员，一位裁判员，我自己则担任天气预报员，让孩子们尽快熟悉游戏。

我们的游戏开始了！

孩子们一个个聚精会神。

“小雨!”我说。

孩子们马上拍了两下小手。

“冰雹!”

孩子们马上抱头蹲下。

反应非常快！他们每次做对动作后，都露出灿烂的笑容……

一轮游戏结束后，我让孩子们担任天气预报员，他们玩得更起劲了！

在游戏中，他们不仅培养了专注力，而且提升了反应力，并乐在其中。

游戏结束后，不少孩子主动来跟我聊游戏过程中的感受，认为游戏都把他们之间的距离拉近了。这大概就是游戏带来的美好回忆和意义吧！

四、游戏感悟

1. 童言稚语

学生 A：今天，我们玩了一个关于天气的游戏。首先，老师找了几个同学，让他们站在走廊里准备游戏。接着，老师又找人分别扮演裁判员、记分员和天气预报员。这个游戏让我锻炼了反应力，最令我难忘的是我上去当记分员的时候。

学生 B：上午，我和同学、老师玩了一个关于天气预报的游戏。一开始我不会玩，后来通过老师的解说，我才会玩这个游戏，结果越玩越觉得有意思，我感到很开心！

学生 C：这个游戏我们玩得好开心啊！回家之后，我还要和爸爸妈妈一起玩，比一比，谁的反应最快！

学生 D：通过这个游戏，我认识了很多新朋友，我太喜欢和他们一起玩啦！我爱上学！

学生 E：这个游戏，让我的反应速度越来越快了，我最喜欢的是和同桌比速度，太有趣了！

2. 家长感言

家长 A：很开心能够遇到陈老师这样疼爱孩子的班主任，陈老师总能想出一些方法让孩子们在快乐的氛围中学习。游戏时，孩子们很认真，也很开心。作为家长，看到这样的场景，我感到很欣慰。

家长 B：小学阶段需要培养的学生能力，专注力是很重要的一种，孩子们在这个游戏中锻炼了专注力，他们在玩中学，在学中玩，收获颇丰。孩子们回家后，还想继续和家里人玩这个游戏，而且在写作业的时候，孩子的专注力有了一定的提升。

抗洪抢险

惠州市华南师范大学附属惠阳学校　张月蓉

一、游戏介绍

1. 游戏目标和适用性

这个游戏在班级全体同学之间进行，能够提升学生的团队协作能力和班级凝聚力，使他们感受到互相信任、团结协作的重要性。这个游戏适用于学期中段，可以帮助同学之间巩固新培养出的熟悉感和信任感，让同学之间更团结，关系更紧密，实现生生情感、师生情感的升温，进而提升班级的向心力和凝聚力。

2. 功能导图

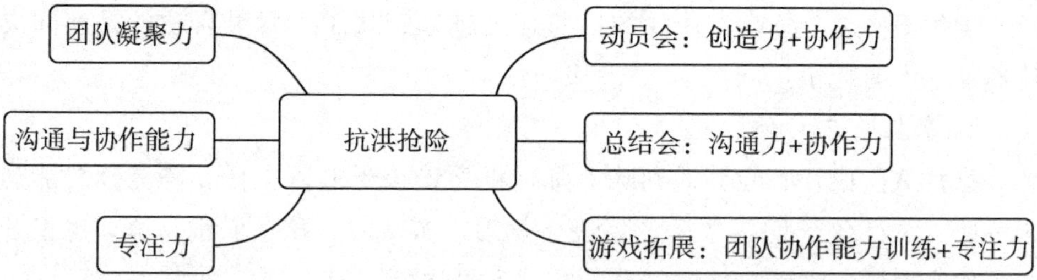

3. 游戏信息表

游戏名称	抗洪抢险
适合年龄	7 ~ 12 岁
游戏参与者	班级同学
游戏目的	帮助孩子锻炼身体，提高游戏专注力，提高团队协作能力和凝聚力，培养孩子们的社会责任感
游戏场地	室外广场、公园等空旷处
游戏道具	书包
游戏时长	自由掌握，可长可短
我的评价	☆☆☆☆☆☆☆☆☆☆

4. 游戏准备

（1）游戏情境预设：发生洪水灾害，抗洪战士们要上前线抗洪抢险，书包是抗洪物资，要快速运送到前线并放在指定地点。

（2）检查抗洪物资：每个书包内的书相同，各 15 本不同科目的书，保证游戏的公平性。

（3）介绍游戏规则，也可以通过播放视频直观地介绍游戏过程和游戏要求。

（4）分组，选出组长和副组长，组织大家商议快速抗洪抢险计划。

（5）布置游戏场地，设置每小组的抢险路线和“江堤险处”。

5. 游戏规则

（1）将学生分成人数相等的若干小组。

（2）每人将装好的同样重量的书包双手抱在胸前，各小组都按一路纵队站好。

（3）教师发令后各小组排头学生将书包放在教师指定的“江堤险处”，然后跑回本小组，和本组第二位同学击掌后站到最后。

（4）第二位学生将书包放在前面学生书包的上面，后面依次进行，将书包摞在一起，书包要摞好不能倒。

（5）要求学生放书包时要像抗洪抢险那样严肃认真，要确保“大堤”安全，速度最快、摆得最好的小组获胜。

6. 注意事项

（1）孩子奔跑时，特别是击掌交接时，要注意位置的交错，保证安全。

（2）在给学生分组时，注意组间同质，组内异质。

二、游戏点评

在课间，较活泼的孩子喜欢追逐打闹，这是孩子们的天性，不可抹杀，但有时会引起同学之间的矛盾，如常常有学生在课间找到老师告状，说“谁碰到我了”“谁打我了”“谁骂我了”。不仅如此，孩子们在课间追逐打闹也存在安全隐患，让人防不胜防。如何组织学生在课间文明有序地参与活动便引发了我的探索和思考。“抗洪抢险”小游戏就是在探索过程中发现并实践的。它可以把活泼好动的孩子们组织起来，进行有序地活动，让令人头疼的“小调皮”化身组织有序的“小战士”，为“抗洪抢险”贡献自己的一份力量。这个游戏有以下特点：

1. 独特的情境设计，能激发孩子们的兴趣。孩子们对新鲜事物总是充满好奇心，愿意尝试和挑战。

2. 负重前行，精准摆放，让孩子们在游戏的同时，体会过程的不容易，增强孩子们的社会责任感。

3. 活动前的小组计划，合作时的协调有序，使孩子们在玩游戏的同时，增强了团队合作能力和团队凝聚力。

三、案例分享

玩得开心，玩得认真

在经过一段时间的网课返校上课后，学校开展了“静文化”活动，让孩子们在课间根据自己的兴趣爱好有序地开展活动。在学校和老师的号召下，有的同学能课间有序地玩学科游戏，静静地看书、写字，或者找三五好友下棋、聊天。不过仍有些孩子喜欢在教室里追逐打闹，使得教室里不得安宁，同时，容易引起同学之间的矛盾。课间常常有学生找到老师告状，说“谁碰到我了”“谁打我了”“谁骂我了”……而且孩子们之间的追逐打闹很容易存在安全隐患，让人防不胜防。老师也很头疼，一会儿是“救火队长”，一会儿是“安全协调员”，一会儿是“卫生员”。

在电视里看到的抗洪救灾的战士们累得躺在岸边的情形，让我不由得心疼和敬佩，由此我想到了这个“抗洪抢险”的小游戏。希望孩子们既可以在课间有组织有秩序地动起来，也可以通过游戏培养合作意识，提高团队凝聚力，此外还可以体会一下抗洪救灾战士们的不容易，培养他们的感恩意识和社会责任感。

在体育老师的帮助下，我们利用体育课带孩子们体验了这个游戏。

首先，孩子们在教室观看抗洪抢险视频，然后我们进行情景设置和讲解，给孩子们进行角色设置——人人都是“抗洪抢险小战士”。之后，再给孩子们观看游戏视频，让他们了解游戏规则。接着，我们把学生带到操场，体育老师按孩子们的运动水平进行分组。孩子们自己商议活动计划，明确分工。我和体育老师则布置游戏场地，设置每个小组的抢险路线和“江堤险处”。

孩子们观看完视频感受到抗洪战士们的责任感和拼搏精神，于是在分好小组并领取任务后，快速认真地讨论起小组的抗洪计划。

游戏开始啦，虽然我们进行了周密的部署，游戏中还是出现了很多小插曲：有的孩子在交接时没有击掌就跑开了；有的孩子在摆放书包时，不能摆放整齐稳固，使得“大堤”崩塌……

游戏结束后，我们评选出了速度最快、书包摆放最整齐的小组，并请小组同学分享了成功经验。最后，我表扬了每一位“小战士”的责任心和他们的团队凝聚力，也建议喜欢这个游戏的孩子们可以对游戏进行改编，课间到操场上继续玩这个小游戏。

四、游戏感悟

童言稚语

这个游戏让我明白，千里之堤毁于蚁穴，要想把堤坝筑好，一定要把基础打牢固。同时，我也意识到了团队合作的重要性，一个人的力量小，一群人的力量大。在游戏中，如果大家协调有序，分工明确，团结一心，那么成功的可能性就大。最后，我也体验到了抗洪战士们的不容易，抱着书包跑可比自由自在地奔跑辛苦很多，何况我们只是在平地上跑，战士们还要浸泡在洪水里，真是太不容易了。以后课间，我们也可以自己组织起来玩这个游戏。

愚公移山

深圳市福田区全海小学　罗茹

一、游戏介绍

1. 游戏目标和适用性

这个游戏旨在提升儿童的反应能力，培养儿童的跳跃能力及坚持做一件事的优秀品质。游戏不需要道具，时间为20～30分钟，游戏中的活动强度和难易程度符合学生当前年龄阶段的特点。

2. 功能导图

3. 游戏信息表

游戏名称	愚公移山
适合年龄	6～12岁
游戏参与者	班级同学
游戏目的	提升儿童的反应能力，培养跳跃能力和坚持做一件事的品质
游戏场地	室内、操场等空旷处
游戏道具	不需要游戏道具
游戏时长	20～30分钟
我的评价	☆☆☆☆☆☆☆☆☆☆

4. 游戏规则

（1）选一人当“大山”，独自站一边，其他人做“愚公”，在“大山”对面纵向站成一列。

（2）游戏开始，第一个“愚公”与“大山”用脚猜拳，大家在旁边帮唱口诀：“一米二米三，三乘以三，山高难开，愚公移山！”（有节奏感）。

（3）口诀一唱完，双方必须同时做动作（所做动作：①双足并拢；②双足侧开；③双足前后开；④单足屈膝提起），“愚公”若和“大山”动作相同，则为失败，退到队伍末尾排队等待，换下一个人做。

（4）若连续四次口诀唱完，“愚公”的动作都与“大山”不同，则获胜，接任“大山”的角色。

（5）活动可分为分组赛和个人赛。①分组赛：将班级学生分为几个组，各组同时进行游戏，各组交叉选取一人固定当“大山”，全部组员率先“移山”成功的组获得胜利。②单人赛：全班同学轮流当“大山”，其余排成一队循环“移山”，记录个人“守山”或者“移山”成功次数最多的同学，评出前三名，并给予鼓励。

（6）根据难度系数的不同，游戏的规则也不同：

难度系数 1.0，“愚公”与“大山”有一个跳跃动作不相同即可获胜。

难度系数 2.0，“愚公”与“大山”需有两个跳跃动作不相同。

难度系数 3.0，“愚公”与“大山”需有三个跳跃动作不相同。

难度系数 4.0，“愚公”与“大山”要有四个跳跃动作不相同。

5. 注意事项

（1）因跳跃过程中动作更换频繁，教师要在旁做好防护，防止学生摔倒。

（2）因游戏中的跳跃运动比较剧烈，游戏进行前要进行适当的热身运动，要求学生穿运动鞋，以免受伤。

（3）做好游戏中的情绪疏导工作。游戏中常常会有学生出现失误情况，教师要及时对其进行引导，以免其丧失信心。

（4）尽量避免发生冲突。孩子们的胜负欲不同，要注意引导他们并规避因游戏失误而导致的不服气，甚至与同学闹矛盾等情况。

（5）此游戏比较耗费体力，要控制好时间，及时让学生休息。

二、游戏点评

1. 传统寓言，启迪性强

“愚公移山”的故事脍炙人口，而它的内核就是坚持做一件事，这也是孩子们学完这个故事后需要理解并践行的优秀品质。

2. 规则简单，上手容易

游戏规则简单易懂，不需要道具，只要学生做好充分的活动准备，在空旷的地方就可以进行，是一个比较方便操作的游戏。

3. 提升跳跃能力

单一枯燥的动作练习是儿童不愿意接受的，而且效果往往不佳，这个游戏中的跳跃动作比较多，通过充满趣味的游戏规则，儿童可以轻松愉快地练习跳跃动作，提升跳跃能力。

4. 团体运动，增进感情

有的学生性格比较内向，不会主动去跟其他同学交流，这是个人性格使然。而这个游戏能够加强同学之间的交流，增进同学之间的感情，促使内向的学生与他人熟识起来。

5. 提高反应能力和肢体协调能力

游戏能很好地检验和锻炼学生的反应能力。能否快速地根据对方的动作做出反应，也考验了学生的肢体协调能力。

三、案例分享

愚公移山，贵在坚持

昨天儿子放学回家没有直奔他心爱的玩具和游戏机，而是在客厅里蹦蹦跳跳地做些奇怪的姿势，我感到很纳闷。以往得拖拖拉拉到晚饭时他才心不甘情不愿地放下游戏，今天是怎么了？他难得做会儿运动，我怕打断他，所以忍着没问。

吃晚饭时，在饭桌上儿子兴冲冲地问我："妈妈，你听过'愚公移山'的故事吗？"我装作不知道，他就绘声绘色地给我讲了这个故事。原来，昨天班会上老师带他们做了一个新游戏，就叫"愚公移山"，这个游戏主要靠反应速度和肢体动作来获得胜利。

"我当'大山'可厉害了，我一眼就能看出来他们想跳啥，所以他们都挑战不了我的位置！"儿子自豪地说道。

"是吗？那你是怎么猜出他们的动作的？"

"很简单啊，刚开始是别人当'大山'，我就记下了一些人最喜欢跳哪个动作，游戏的时候看他们脚的动作就猜出来了。"

我暗暗吃惊，没想到儿子还有这么细致聪明的一面。和儿子继续聊天后我才知道，他虽然守住了很长时间“大山”的位置，但由于自己是个小胖子，体力支撑不住，最终还是败下阵来，这才一回家就抓紧练习。对此，我心里暗暗有了主意。

“宝贝，你知道愚公为什么能把一座大山成功移走吗？”

“我知道，我们老师说了，是因为愚公坚持不懈，从来没有放弃过，他的子孙也坚持，这才移走了大山。”

“所以，你想在以后的游戏中获胜，需要做什么呀？”

“坚持锻炼，保持体力！”

“那你长大想做宇航员，现在需要怎么做呢？”

“好好读书，坚持锻炼，永远不放弃！”

“对的，无论做什么事情，最重要的就是坚持，坚持才是通往成功的道路呀！”

儿子似懂非懂地点点头。

今天回家后，他依旧没有碰游戏机，作业写完后又在做跳跃动作。

孩子本就是一张白纸，懂什么道理做什么人需要老师和家长去引导，需要在生活中去领悟。一个小小的游戏能让他明白坚持的可贵，这个游戏很有意义。

四、游戏感悟

1. 童言稚语

学生 A：这个游戏特别好玩，我在游戏中赢了好几次，回家想让爸爸妈妈陪我玩。

学生 B：我总是赢不了“大山”，他每次都能跳得跟我一样，老师说是因为我的反应速度不够快，慢慢练习就好啦！

学生 C：我总是和“大山”跳得一样，妈妈说是因为我的反应能力有些慢，所以我要多练习反应能力，回家就让爸爸妈妈帮我练习，下次我一定要赢过“大山”。

学生 D：我跳了一会儿就累得跳不动了，老师说我体能比较差，让我平时加强锻炼，所以我要多锻炼身体，这样下次跳多久都不会累了。

2. 家长感言

家长 A：女儿是个很内向的孩子，不太擅长跟同学们打交道，总是自己一个人默默在一边，我看着很是心疼，又不知道怎样帮助她改变。没想到一个游戏居然神奇地让她和同学们熟络起来，交到了新的朋友。

家长 B：儿子这几天一放学就吵着让我跟他爸爸陪他一起玩这个游戏，原本体力较弱的我，现在也变强了，没想到这个游戏竟然让我们家长也从中受益，感谢老师的辛勤教导。

家长 C：那天我的宝贝回家很兴奋地跟我说想要当“大山”，还让我陪她练习几个奇怪的跳跃动作，想想她之前不太喜欢锻炼身体，偶尔带她跑步她总是嫌累，如今倒是主动锻炼起来了。没想到这个看似普通的游戏还有这样的作用，希望老师多组织这种有益于身心发展的游戏。

抓棋子

深圳市福田区外国语学校（福保）　黄露

一、游戏介绍

1. 游戏目标和适用性

这个游戏适用范围广，既可用于同学、朋友间玩耍，又能为父母与孩子之间的交流搭建桥梁，提升孩子的专注力、观察力、语言表达力和肢体协调性。

2. 功能导图

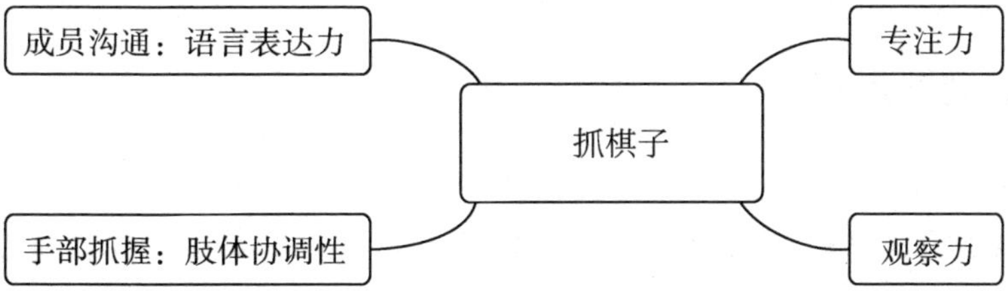

3. 游戏信息表

游戏名称	抓棋子
适合年龄	7 ~ 12 岁
游戏参与者	孩子和孩子，孩子和家长
游戏目的	初步培养孩子的专注力和动作的协调性
游戏场地	室内、室外均可
游戏道具	6 ~ 8 枚棋子，棋面为白，棋背为黑；一个沙包
游戏时长	自由掌握，可长可短
我的评价	☆☆☆☆☆☆☆☆☆☆

4. 游戏准备

（1）准备6枚棋子、黑笔和白纸。

（2）将白纸裁成棋面大小，粘贴在棋子正反两面上，然后将棋子一面的白纸涂上黑色。（也可以鼓励孩子选择涂自己喜欢的两种颜色）

（3）如果孩子能够穿针引线，可以鼓励他尝试自己制作沙包。

（4）适当调整沙包的大小和轻重，以方便垂直向上抛接。

5. 游戏规则

（1）2～3名成员为一个游戏组，通过猜拳或其他方法排出顺序。游戏开始，游戏者把棋子往桌上随意撒开，有黑有白，然后将沙包往空中一抛，趁沙包未落下时敏捷地抓起一枚或几枚同色的棋子，并及时接住落下的沙包，如未接住沙包或没抓到棋子则换下一个人玩。

（2）抓棋子时一定要抓同色的；抓棋子与接沙包必须是同一只手。抓棋子可以由易到难，如先抓一个，再逐渐增多至二、三个，以此类推。

6. 注意事项

（1）要手握抓住的棋子接住沙包，不可把抓住的棋子扔掉。

（2）抛接过程注意安全距离，避免受伤。

二、游戏点评

1. 方便携带

抓棋子游戏只需要携带棋子和沙包便可以玩，工具小、少，重量轻，易操作。

2. 动手又动脑

抓棋子游戏与一般的课间追跑游戏有着本质的区别，不仅大大降低了孩子课间受伤的可能性，还让孩子们锻炼了身体，训练了专注力和观察力。

3. 舒缓压力

课间活动是根据小学生的年龄特点和生理特点设定的。小学生正处在生长发育的阶段，经过40分钟的学习后，会产生疲倦，这时，适当进行课间活动，有利于学生心情得到放松，精神得到舒缓，也有利于下一节课的学习。该游戏可用较短的时间，把学生的大脑、心情调节到最佳的状态，更有利于学生的学习。

4. 亲子互动

这个游戏还可以带回家和父母一起玩，作为亲子游戏，能改善孩子与父母之间的关系，轻松成就一段其乐融融的家庭时光。

三、案例分享

轻松游戏搭桥梁，父母孩子齐上阵

不知道从什么时候开始，我和孩子的沟通变得越来越少，从学校回来，他常常捧起一本书，或是玩玩具，或是玩手机。我感觉，我们之间的交流越来越少了。回想起他以前常常脸上挂满泪水，哭着对我说："妈妈，你能不能早点下班回家陪我？"这样的时光一去不复返了。日复一日，缺少陪伴使我们也变得没有以前亲密了。

一次偶然的机会，老师向我推荐了这个游戏。我开始构思，默默做好准备工作——买布料，找棋子，买贴画……准备好后，我装作不经意地谈起这个游戏，起初孩子不以为意，但我给他展示了制作的工具之后，他表现出了强烈的愿望。

说做就做，我们一家三口开始动起手来。孩子负责画棋子上的颜色，并进行装饰，我们两个大人协助孩子，负责裁剪装饰画。这些工作看似简单，做起来并不容易：棋面太小，画纸也小，装饰起来就比较难。但孩子始终兴致勃勃，到后面甚至精益求精，连棋子边缘的贴合度都要求极高，贴了又贴，倒让我对他有些刮目相看。

做好棋子后，我们开始制作沙包。里面的豆子好找到，但外面的布料装饰着实花了我们不少精力。孩子在网上确认好图案，表示想缝制一个皮卡丘。好在缝制皮卡丘不算难，我们拿出布料，按照网上的流程一步步制作，很快就将沙包做好了。孩子异常兴奋，一直夸我："妈妈好棒！"一切准备好后，我们三人开始了游戏，大家玩得都很开心。

经过这次游戏，我们原本枯燥的生活一下子热闹了起来，孩子经常拉着我和他爸爸一起玩游戏，我们又变成了好朋友。

四、游戏感悟

1. 童言稚语

这个游戏让我发现原来手机游戏是那么无趣，自己动手做玩具虽然不容易，也要耗费时间和精力，但真的太好玩，太有意思了！制作玩具的过程不仅锻炼了我们的观察能力，也大大地提升了我们的动手能力。当我拿起小小的画笔开始制作时，心里充满了成就感和自豪感，原来，我也可以变成“小小玩具家”。在学校，一下课，我们就会拿着棋子和沙包互相比拼，还会看看谁做的沙包最有趣，谁的棋子最特别。同学们的沙包做得五花八门，好看极了。棋子也是五颜六色的。但是，在我的心中，爸爸妈妈和我一起制作的棋子和沙包是最好看、最完美的！同时，爸爸妈妈也不再老玩手机了，我们经常一边玩游戏一边聊学校的趣事。这是我最爱玩的游戏，希望同学和爸爸妈妈能经常陪我一起玩。

2. 家长感言

童真童趣伴成长

繁忙的工作结束后，还有沉重的家务在等待着我们，而孩子因为缺少父母的陪伴情绪也会比较低落。以往回到家免不了跟孩子唇枪舌剑，但最近开始玩这个游戏，让我们找回了久违的童真和快乐。从准备棋子、贴纸、画笔，到缝制沙包，再到和孩子一起游戏，我也仿佛回到了年少时光。孩子真诚的笑声治愈了我，我们相处的时光变得快乐起来。孩子健康快乐地成长，是我最大的心愿。愿我们能一直把这个游戏玩下去，愿我们陪伴彼此的快乐时光长长久久。

小青蛙过马路

深圳市福田区外国语学校（福保）　曾美燕

一、游戏介绍

1. 游戏目标和适用性

这个游戏可在班级全体学生之间进行，能够提升学生的倾听能力和反应能力，使他们感受到学习交通安全的重要性，并在实际生活中懂得遵守交通规则。这个游戏可用于开学初的安全主题教育活动，也可用于平时的课间活动，可以增强学生之间的友谊，培养学生的人际交往能力。

2. 功能导图

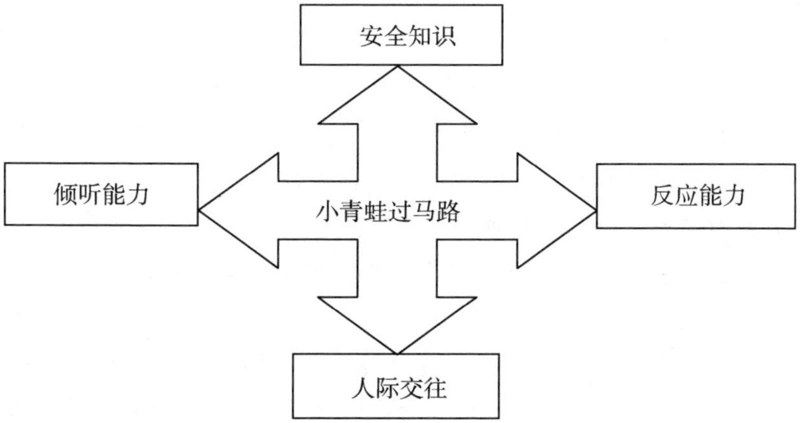

3. 游戏信息表

游戏名称	小青蛙过马路
适合年龄	7 ~ 12 岁
游戏参与者	孩子和孩子，孩子和家长
游戏目的	学习交通安全知识，训练孩子的倾听能力和反应能力
游戏场地	室内、操场、公园等空旷处
游戏道具	用卡纸制作三种颜色的交通牌和带有“↑”“←”“→”的交通标志；结合实际，设置可操作的标志物（如椅子、三角警示牌或呼啦圈等）
游戏时长	自由掌握，可长可短
我的评价	☆☆☆☆☆☆☆☆☆☆

4. 游戏准备

（1）准备红、黄、绿三种颜色的长方形硬卡纸，分别在三张卡纸上写上文字：红灯、黄灯、绿灯。

（2）准备三张白色的长方形硬卡纸，用黑色粗线条的笔分别画出“←”（左转弯）“→”（右转弯）“↑”（直行）三种交通标志。

（3）在场地中的左、右两侧分别放置两种标志物（结合实际，设置可操作的标志物，如椅子、三角警示牌或呼啦圈等）。

（4）角色分配：先选出一人做“交通警察”，手持红、黄、绿三种交通灯的指示牌；再选出三人做“交通协管员”，分别手持“↑”“←”“→”三种交通标志牌；剩余的孩子做“小青蛙”，扮演过马路的行人。

（5）学习口令：绿灯行，红灯停，遇到黄灯“叫呱呱”。学习双足蹲跳，可以先请老师或家长做示范动作。

（6）场地布置完毕，组织者要认真讲解比赛规则、注意事项等。

5. 游戏规则

（1）“小青蛙”站在起点线，根据对面交通警察手上的红灯、绿灯、黄灯行动：绿灯行，红灯停，遇到黄灯“叫呱呱”。在行进中遇见“↑”“←”“→”的交通标志，做相应的反应：“↑”表示继续前进，“←”表示左转弯绕标志物一圈，“→”表示右转弯绕标志物一圈。

（2）行人行动时必须将双手撑在膝部做双足蹲跳，一同学扮演警察叔叔，发现做错的同学先敬礼，然后指出错误，凡是做错者须重做才能继续跳。先到达终点者为胜。

（3）根据难度系数的不同，游戏的规则也不同：

难度系数1.0，要求在游戏过程中交替出示红、绿、黄三种交通灯指示牌，“小青蛙”要作出相应的反应。

难度系数2.0，要求参与者在行进中遇见“↑”“←”“→”交通标志时，作出相应的动作。

难度系数3.0，要求提高指示牌出示的频率和速度，看看谁的反应最快。

6. 注意事项

（1）穿运动鞋，以免摔跤。

（2）左转弯和右转弯的标志物要分开放置，以免学生行进时绊倒。

二、游戏点评

统编版一年级上册《道德与法治》第一单元的知识点，要求孩子们懂得必备的交通知识，并遵守交通规则。由此，我们开发了关于交通安全的小游戏。“小青蛙过马路”这个游戏具有以下优点：

1. 知法守法，安全第一

该游戏教给了孩子必要的交通安全知识，使他们知道了交通安全的重要性，知道了要知法守法。我国每年因道路交通事故死亡的人数不少，其中，中小学生占有相当的比例。这些每日数次往返于家庭、学校之间，以步行、自行车为基本交通方式的中小学生，由于判断能力、行为支配能力等较弱，极易发生交通事故。中小学生的交通安全问题已成为备受关注的社会问题。因此，加强对中小学生的交通安全宣传教育，提高中小学生在交通活动中的自我保护意识势在必行。

2. 珍惜生命，文明出行

生命只有一次，是非常宝贵的，我们应该珍惜生命。青少年是祖国的花朵，是祖国的未来。作为一名小学生，我们更应该有自我保护意识，做一名遵守交通规则的好学生。通过这一游戏，相信学生对生命有了新的理解和认识，都能遵守交通规则，做文明交通的小主人。

3. 懂得观察，善于倾听

“小青蛙过马路”游戏，不仅需要学生观察“交通警察”随机出示的红、绿、黄交通灯，作出相应的反应，还需要学生在行进中倾听“交通协管员”的三种交通提示语：“直行”“左转弯”“右转弯”，并做出向该方向双足蹲跳的动作，这便训练了学生的观察能力和倾听能力。新课程标准明确指出，教师要使学生学会倾听。倾听是教师与学生沟通的基本技能，除了教师倾听学生，还包括学生倾听老师、学生倾听学生。此外，该游戏还锻炼了学生的观察能力，提高了学生大脑思维的活跃性。

4. 学会分工，懂得合作

此项游戏，需要学生扮演不同的角色，设置情境合作完成。

无论在教育教学过程中，还是在学生的学习生活中，合作都是必不可少的。是否具有合作意识，能否与他人合作已成为一个人能否成功的重要因素，而合作意识的培养，需要教师在平时的教育活动中潜移默化地渗透。

5. 锻炼身体，增强体质

这个游戏可以使学生在学中玩，在玩中学，让学生可以劳逸结合，有益身心。如“小青蛙”过马路时是双足蹲跳，这个运动是全身运动，不仅可以锻炼手臂和大腿肌肉的爆发力，还可以锻炼身体各部位的协调性。

三、案例分享

在一次关于安全教育的主题班会上，我首先给学生出了两个谜语。第一个谜语是：白色线条地上躺，不怕雨雪和冰霜，行人踏在它身上，交通安全有保障。谜底是人行横道线或斑马线。第二个谜语是：圆圆三只大眼睛，十字路口做卫兵，红灯停，绿灯行，黄灯亮起提个醒。谜底是红绿灯。

接着播放小学生遭遇交通事故的图片。学生观看图片，面对那些触目惊心的场景，看到一个个鲜活的生命消失于车轮之下，认识到了交通安全的重要性。

为了让学生在情境中感知，并进一步落实交通安全的相关知识，做一个知法守法的小公民，我把学生带到操场上，玩起了“小青蛙过马路”的游戏。师生共同商议了游戏规则，并分配角色：一名“交通警察”负责指挥交通灯；三名“交通协管员”指挥交通，各自负责发出“直行”“向左转”“向右转”的指令；其余的小朋友扮演小青蛙双足蹲跳行进，并根据相应的指令做出正确的反应。做错者必须重做才能继续，先到达终点者为胜。

四、游戏感悟

1. 童言稚语

学生 A：这个游戏太好玩了，让我体验到不同的角色。我可以做“交通警察”或者“交通协管员”去指挥交通，遇到违反交通规则的“小青蛙”

时，我会先敬礼，指出“小青蛙”的错误之处，然后让对方回到起点重新开始。我觉得特别自豪，长大后我想做一名交通警察，帮助更多的人！

学生 B：在这个游戏中，我扮演的是小青蛙。我觉得双足蹲跳的运动特别有趣。通过这个游戏我知道了绿灯行，红灯停，遇到黄灯停一停，还会根据交通指示牌，进行转弯绕过标志物。在这个游戏中，我发现我的弹跳能力还不错呢！

2. 家长感言

家里有位小警察，时时处处要守法

“小青蛙过马路”这个游戏设计得太棒了。孩子说他在学校玩过，特别好玩，所以回家后也和爸爸妈妈一起玩。我们一家三口分别扮演交通警察、交通协管员、过马路的小青蛙，并且轮换角色进行多轮游戏，带来了不一样的体验。通过这个游戏，孩子的守法意识更强了。有一次，我骑电动车送孩子去上学，孩子上车前叮嘱我：“戴头盔，靠右行，载一人，不闯灯。”孩子认真地说：“妈妈，您要遵守交通规则哟！我是家里的‘小警察’，会时刻监督您的。”看到孩子这么懂事，我特别开心。

交通文明是一个城市文明程度的标志之一，助力交通文明，与你我息息相关。安全出行，文明相伴！

吸管运乒乓球

深圳市福田区实验教育集团翰林学校　廖琼兰

一、游戏介绍

1. 游戏目标和适用性

这个游戏不论在室内还是室外，只要准备好游戏用具，找到一个水平面，就可以玩起来。人少可以玩，人多也可以玩，适合同伴之间、亲子之间、家庭之间一起玩。不仅能帮助孩子们锻炼身体，增大肺活量，还能提高孩子们的观察能力，训练专注力，让他们体会到游戏不仅是用来娱乐嬉戏的，还有助于提升自身的综合素养。

2. 功能导图

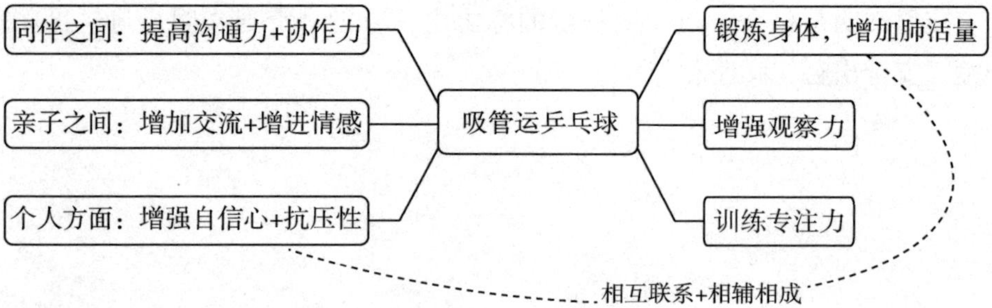

3. 游戏信息表

游戏名称	吸管运乒乓球
适合年龄	7～12 岁
游戏参与者	孩子和孩子，家长和孩子，家庭和家庭
游戏目的	帮助孩子锻炼身体，培养观察能力，训练专注力等
游戏场地	室内外均可，只要有水平面即可
游戏用具	40 个乒乓球，若干根吸管，8 个塑料盘子，20 个纸杯 （可根据参与人数的多少增减用具）
游戏时长	自由掌握，可长可短
我的评价	☆☆☆☆☆☆☆☆☆☆

4. 游戏准备

（1）准备40个乒乓球，若干根粗吸管，8个塑料盘子，20个纸杯。（可根据参与人数的多少增加或减少用具）

（2）挑选、布置场地，务必选择水平面。在水平面上，摆放4组2个大小一样的塑料盘，组与组之间间隔1米，每组2个盘子之间间隔1米。在每组左边的塑料盘里，放入10个大小一样的乒乓球。

（3）比赛前，先讲解规则，并请一位同学示范。

5. 游戏规则

（1）单人赛：借助吸管用“吸”的方式运乒乓球，将乒乓球从一个盘子运到1米外的另一个盘子里，在1分钟内运送个数最多者获胜。

（2）小组赛：参赛者分为4组，每组4人，4组同时开始，借助吸管用“吸”的方式，接力将乒乓球从一个盘子运到1米外的另一个盘子里，用时最少的小组获胜。（组别可适当减少或增多，视具体情况而定）

（3）裁判员喊“开始”，游戏正式开始；喊“停”，参与者则不可再继续运球，否则视为犯规。犯规要接受惩罚：个人赛扣1个球，小组赛时则加时10秒。

（4）根据难度系数的不同，游戏的规则也不同：

难度系数1.0，借助吸管用吸的方式运乒乓球，盘子之间的距离是1米，用时短者胜出。

难度系数2.0，借助吸管用吸的方式运乒乓球，盘子之间的距离是2米，用时短者胜出。

难度系数3.0，借助吸管用吹的方式，在水平面划定的区域运乒乓球，从起点运到1米外的终点，先到达者胜出。

难度系数4.0，把纸杯装满水放在水平面上，将乒乓球放在水上，用吸管吹乒乓球，将乒乓球从第一个纸杯吹到第四个，用时短者胜出。

6. 注意事项

（1）盘子应选择塑料的，以防摔坏伤及他人；如挑战难度系数4.0的游戏，则需将装满水的纸杯摆放在水平面上。

（2）赛前给参赛者发吸管，一人一根，避免交叉使用。

（3）比赛过程中，参赛者比赛的方向要一致，都是从左边运乒乓球至右边。

（4）比赛过程中，观赛者与参赛者之间要保持安全距离。

(5)(难度系数4.0)赛后要及时擦干净比赛现场,以防溢出的水弄湿衣服或使人滑倒。

二、游戏点评

这个游戏具有以下优点:

1. 简单方便,可操作性强

“吸管运乒乓球”游戏的道具简单,所需材料较少,场地要求不高,是水平面即可,游戏对象不限,人数不限,随时都可以玩。

2. 玩法创新,灵活度较高

该游戏难度系数较小,可通过增加难度来创新玩法,从用“吸”的方式运输乒乓球,到用“吹”的方式运输乒乓球。如果时间有限,可以只玩个人赛,如果时间和场地允许,还可以增加小组赛。

3. 锻炼身体,培养竞争意识

在游戏的过程中,参赛者会用到脸部和腮部的肌肉,同时吹与吸的动作也锻炼了肺活量,有益于强身健体。随着游戏难度的增大,挑战性越来越强,孩子们在此过程中不断挑战自我,增强了竞争意识。

4. 培养观察的能力,增强专注力

“吸”乒乓球是有技巧可言的,因此在玩的过程中,孩子们需要仔细观察,找到规律或发现技巧。同时,要想尽量不掉球,还要集中注意力,这有利于专注力的训练与增强。

5. 促进交流,培养团队协作力

当同伴发现了运乒乓球的技巧后,要想使自己的小组获胜,定会加强交流,不断总结经验,然后再实践验证,这有利于提高学生的沟通能力和团结协作的能力。不论是学生与学生之间,还是孩子与家人之间,在多次合作中,都会增强团队协作力。

三、案例分享

集中注意力,玩要学习两不误

周末,亲子时光又到了……

孩子按要求把游戏道具摆放好,听爸爸念完规则,觉得简单至极,不就是把球从左边吸到右边吗!于是要求第一个挑战。谁知,30 秒过去了,孩子竟然连一个乒乓球都没能成功运到右边的盘子里，要么没吸起来，要么刚吸起来就掉了，最后惨败。孩子垂头丧气，一屁股坐在地板上，嘴巴叼着吸管，双眼紧盯着乒乓球，百思不得其解：“怎么就吸不起来呢?”

爸爸见孩子垂头丧气的，便自告奋勇，大胆尝试，只见爸爸双腿一跨，腰一弯，扎了个稳稳地马步，再看嘴巴，紧紧噘着吸管，用力一吸，脸颊瞬间凹了下去，像能装进一个球一般。紧接着，球乖乖地贴着吸管，跟随着移动起来，最后稳稳地落在了右边的盘子里。儿子瞬间跳了起来，拍手称好：“爸爸太厉害了，太厉害了……”

“谢谢宝贝儿子。你发现爸爸的动作和你的有什么不一样了吗?”

孩子挠挠脑袋，一字一句说着自己看到的，但没能说出个所以然，只能请爸爸再来一次。爸爸刻意放慢速度，好让孩子能仔细观察。第二个乒乓球还没落到盘子里，孩子就已经高声呼喊起来：“我知道啦，知道啦，知道啦!这次我一定可以。”随后他撸起袖子，有模有样地学着爸爸的样子开始运球，眼看球就要到右边盘子了，“咚咚咚”，球掉了！“哎呀，我以为能成功，还想着赶紧去运下一个球呢!”

“孩子，不要气馁，你心无旁骛，集中注意力试试!”

孩子认认真真地又来了一遍，果不其然，乒乓球像个乖娃娃似的，听从指挥，最后乖乖地“坐”在了右边的盘子里。孩子高兴极了，趁热打铁，把所有的球都运过去了，然后高兴得一蹦三尺高。

“孩子，祝贺你，你做到了！你觉得这个游戏怎么样?”

“谢谢爸爸。这个游戏超好玩，我才知道要想把球成功运到另一个盘子里，一定要集中注意力。谢谢爸爸的提醒，嘻嘻……”

游戏在欢乐的笑声中结束了。等到周日晚上检查孩子的作业时，我惊讶地发现，今天的作业字迹工工整整，页面干净整洁，我按捺不住激动之心，叫来孩子，还没来得及夸一夸，孩子就开口问道：“妈妈，我今天的作业写得怎么样啊?”

“哈哈哈……”爽朗的笑声充满每一个角落……

四、游戏感悟

1. 童言稚语

学生 A：没想到这个游戏那么好玩。看同学玩的时候，我都替他紧张，很害怕他吸不起乒乓球，恨不得自己帮他吸。等到自己运球时，我紧张极了，一直小心翼翼的，担心放下乒乓球时会被弹出盘子，注意力从来没那么集中过。

学生 B：我和爸爸妈妈在家比赛，他们怎么都吸不稳球，后来我们反复尝试，才总结出了规律：吸管一定要和乒乓球在一条直线上，而且要吸住乒乓球的中间。玩了几轮后，我们越来越熟练，越来越有信心了！

学生 C：我觉得能吸起乒乓球就很厉害了，谁知道吹乒乓球更有挑战性，稍没注意吹的力度和方向，球就会偏，我们试了五六次都没能把乒乓球成功吹到终点，这反倒燃起了我的斗志，我要继续挑战！

2. 家长感言

小游戏，大智慧

乍看“吸管运乒乓球”游戏道具简单，过程简单，但要真想成功运送乒乓球，还真不是一件简单的事，这需要孩子有敏锐的观察力、高度集中的注意力，若和队员共同作战，还需团结协作之力。孩子们在这个小游戏中，能充分调动各种感官，在比赛过程中，要学会正视失败，总结经验。这真是一个需要智慧的游戏！往后和孩子玩的时候，难度系数可以逐渐增加，让孩子有挑战的欲望，有必胜的决心，鼓励孩子将从游戏中学到的东西运用到生活中，从而获得更好的成长！

想象力培养篇

词海任我游

深圳市福田区文天祥小学　庄映珊

一、游戏介绍

1. 游戏目标和适用性

“词海任我游”是一个益智游戏，孩子们可以轻松地在该游戏中积累词汇，锻炼专注力、记忆力、反应力、临场应变能力，培养规则意识，发散思维等。该游戏仅需两人即可开展，且无需道具，甚至都可以不用裁判，对时间、空间、人数等方面都没有太多限制，随时随地，想玩就玩。游戏时轻松的氛围能激发孩子的兴趣，让孩子在玩耍的过程中不知不觉地学习。

2. 功能导图

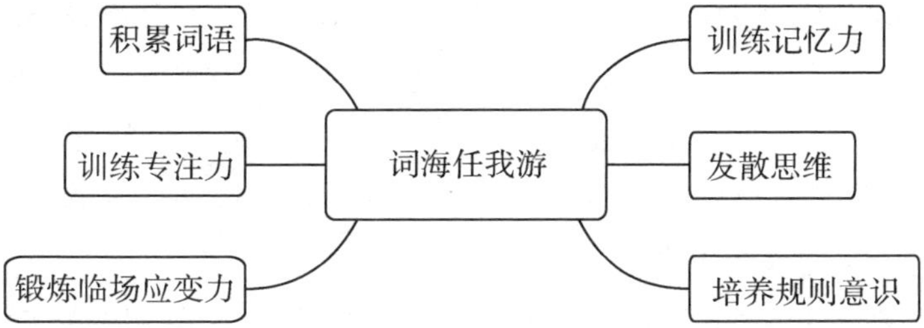

3. 游戏信息表

游戏名称	词海任我游
适合年龄	7 岁及以上
游戏参与者	孩子和孩子、孩子和父母
游戏目的	积累词语、开发智力、寓学于乐
游戏场地	教室、操场等相对安静的地方
游戏人数	2 人及以上
游戏时长	自由掌控，可长可短
我的评价	☆☆☆☆☆☆☆☆☆☆

4. 游戏准备

（1）分组。同一年龄段或知识能力水平相近者为一组。

（2）确定裁判人选，可以是老师，也可以推举词汇积累量多的学生担任。裁判要做到公平公正。

（3）裁判准备手机或手表等用于计时。

5. 游戏规则

（1）参赛者围成一圈，可坐可站，裁判立于中间，随机选用一个词语作为龙头词。

（2）龙头词的最后一字为龙头字，裁判随机指定一名参赛者在规定时间内接龙说出以此字为开头的另一词语，然后参赛者顺时针依次轮着接龙词语。同一轮比赛中，接龙的词语不可重复。

（3）规定时间内未能说出词语者被淘汰，挨着淘汰者的下一位参赛者继续接龙，坚守至最后的一人胜出，获评“词语小达人”称号。

（4）未参赛或参赛后被淘汰者，须遵守规则，不可场外提醒参赛者，若参赛者接龙词语为场外援助的，该答案作废。

（5）裁判维持场内场外秩序，注意不影响参赛者。

（6）根据难度系数的不同，游戏的规则也不同：

难度系数 1.0，接龙词语为二字词语。接龙时允许用同音字，如“子”字为龙头字，接龙词是“子孙”或“紫色”皆可。接龙时龙头字若为多音字，允许用该字的其他读音，如“子弹”一词中“弹”为龙头字，接龙词是“弹弓”视为接龙成功，接龙词“弹琴”也视为接龙成功。参赛者需在 5 秒内接龙，超时未接龙视为失败。

难度系数 2.0，接龙词语为二字词语。接龙词语不可用同音字，如“子”字为龙头字，接龙词是“子孙”视为接龙成功，接龙词是“紫色”则视为失败。接龙时龙头字若为多音字，不可用该字的其他读音，如“子弹”一词中“弹”为龙头字，接龙词是“弹弓”则视为接龙成功，接龙词为“弹琴”则视为失败。参赛者需在 5 秒内接龙，超时未接龙视为失败。

难度系数 3.0，接龙词语为三字及以上词语。接龙词语允许用同音字。接龙时龙头字若为多音字，允许用该字的其他读音。所用词语必须是在词典上能查到的。参赛者需在 5 秒内接龙，超时未接龙视为失败。

难度系数 4.0，接龙词语为四字成语。接龙词语允许用同音字。接龙时龙头字若为多音字，允许用该字的其他读音。所用成语必须是在词典上能查到的。参赛者需在10秒内接龙，超时未接龙视为失败。

（注：游戏难度系数共有四个梯度，根据参赛者的年龄和知识能力水平确定选用哪个梯度。如低年段的参赛者可从难度系数1.0开始，再一个一个梯度依次去增加，高年段的参赛者可直接选择难度系数比较高的梯度来挑战。）

二、游戏点评

词语接龙是一个男女老少皆宜的游戏，是中华民族传统的文字游戏，不仅有着悠久的历史和广泛的社会基础，还是我国文字、文化的一个缩影。在小学生中开展这个游戏，有以下优点。

1. 随时随地，游戏限制少

“词海任我游”游戏两人即可开展，且无需道具，甚至都可以不用裁判，参赛者自行判断即可。该游戏对时间、空间、人数等方面都没有限制，随时随地，想玩就玩。

2. 培养规则意识，锻炼能力

“词海任我游”是一个益智游戏，孩子们在游戏过程中需要不断地思考，开启记忆库快速搜寻并调出合适的词语，非常有利于锻炼他们的记忆力。游戏中的回答过程有时间限制，且参赛者不知道自己马上会接什么词，这就锻炼了他们的反应能力和临场应变能力，同时考验了他们临危不乱的心理素质。在游戏过程中，他们需要遵守规则，针对未参赛的孩子，也有不能提醒和干扰比赛的规则，这就潜移默化地培养了他们的规则意识。

3. 积累词语，丰富词汇库

“词海任我游”游戏对孩子们的词语积累量有一定要求，孩子们在游戏的过程中也会积累一些词语。有的孩子接龙失败被淘汰后，会主动去查找答案，这又丰富了他们的词语库。游戏中，有的难度梯度允许使用同音字，有些不允许使用，这在不知不觉中又帮助他们学会了辨别同音字。

三、案例分享

词海欢畅游，知识上层楼

“老师，昨天的预习作业，每个生字要组3个词，我们组有几个人没完成。他们说不知道组啥词！”学生词汇量这么少，要怎么帮他们扩充词汇量，让他们主动去积累呢？

“老师，陈××刚吃完午饭又在走廊里跑，还撞倒了4班的学生!”唉，中午吃完饭到午睡前的休息时间，给他们安排什么活动才好呢?

这是三年级刚开始时，作为语文老师和午托看班老师，我遇到的难题!

开学初，我给班上孩子们提出了本学期语文预习的一个小要求：预习时给书上要求会写的每个生字组2~3个词。后来检查发现，有些孩子只组了1~2个词，究其原因，他们组词时仅凭自己目前积累的词汇量去组，而不会组的词也不愿意去查，即使我多次强调要主动去查找，积累词汇量，但效果不佳，对此，我一直想着有什么办法能让他们去主动查找、积累。

一天中午午托时，好几个孩子吃完饭便在走廊里跑跑跳跳，要知道刚吃完饭就跑跳对身体是不好的，于是我喊他们回教室检查了他们的预习情况，发现还是存在之前组词不够的问题。唉，同样的问题批评了那么多次都没有效果，看来得想想办法改变一下策略了。我灵机一动，想到了词语接龙游戏，便打算用书上田字格里的字和他们玩一玩。当我告诉他们玩词语接龙游戏时，他们个个兴致勃勃，跃跃欲试。

第一次游戏，我让学生全都参与进来，很多学生陆陆续续败下阵来，有的是因为紧张忘词了，有的是因为词汇量不够，有的是太兴奋老提醒别人导致犯规，只剩几个语文强手还在对决。

这时我观察到被淘汰的学生里，有个孩子正拿着字典在查，一问才发现他正在查他刚接不上来的龙头字可以怎么组词，说下次再遇到这个字，肯定不会再在这里摔跟头了。这一下触动了我，原来游戏中的胜负欲可以刺激他们主动去积累，这可真是太好了。我抓住机会赶紧大肆表扬了他一番，让他们知道这个游戏要赢也不难，只要积累词汇量就可以。

第二次，我特意增加了难度。如果仅仅只是简单的二字词语接龙，在可用同音字的情况下，一轮游戏可以玩很久，难不倒他们，很难决胜出“词语小达人”，而词汇量差一些的孩子又很容易被淘汰，这样的话很快就会失去吸引力。于是我不断给他们增加难度，设置不同的难度系数。果然，在不同的难度梯度中，他们和势均力敌的对手决斗时，斗志更强了。

游戏的难度系数设计在实践中慢慢成形，学生也乐此不疲地不断挑战更高的难度，不断超越自己。

四、游戏感悟

1. 童言稚语

学生 A：这个游戏让我知道了我在词汇积累方面的不足，我回去一定要多积累一些词语，尤其是三字词语还有成语，下次我一定要打败他们成为“词语小达人”。

学生 B：我在词语接龙的时候特别紧张，尤其是快轮到我的时候，感觉心脏都快跳出来了，紧张又刺激。这个游戏太好玩了，我还想玩。

学生 C：我现在预习时，给生字组词遇到组不出来的，我就会去查字典，看看这个字可以怎么组词，说不定哪次玩词语接龙的时候就派上用场了。

学生 D：刚开始我不敢玩，怕自己接不上来那就太丢脸了，后来看到大家玩得那么开心，忍不住也想参加了。玩的时候我有的接得上来，有的接不上来，接不上来就被淘汰了，但不会觉得丢脸，反倒玩得很开心！

2. 家长感言

家长 A：平时孩子写完作业就想看电视、玩手机，让他去看书，他又不愿意。现在我有时间就和他玩词语接龙游戏，他每次都兴致勃勃的，再也不闹着要玩手机了。

家长 B：在家里和孩子玩词语接龙的时候，我发现孩子时不时就能赢我，没想到他的词汇量和反应能力还挺不错的，看来我要继续学习了。

家长 C：孩子平时遇到不懂的问题不知道主动去寻找答案，也不爱思考，自从我们一起玩词语接龙这个游戏后，每次他接不上来的时候就会主动去查那个龙头字可以怎么组词，看到他能主动去寻找答案我很开心，希望这个举动能辐射开来，让他慢慢在学习上养成主动思考、积极寻找答案的好习惯。

团结友爱传水盆

深圳市福田区益强小学　曾雅婷

一、游戏介绍

1. 游戏目标和适用性

这个游戏可以在父母和孩子之间、班级同学之间进行，能够帮助学生集中注意力，培养学生的想象力和信念感。同时，这个游戏能够使亲子关系更加融洽，班集体更具凝聚力，不仅可以用于班集体组建初期同学之间关系的“破冰”，快速让同学们相互熟悉起来，还可以用于提升学生的班级荣誉感，激发学生的创造力，让他们更进一步地在同学、伙伴面前展示真实的自我。

2. 功能导图

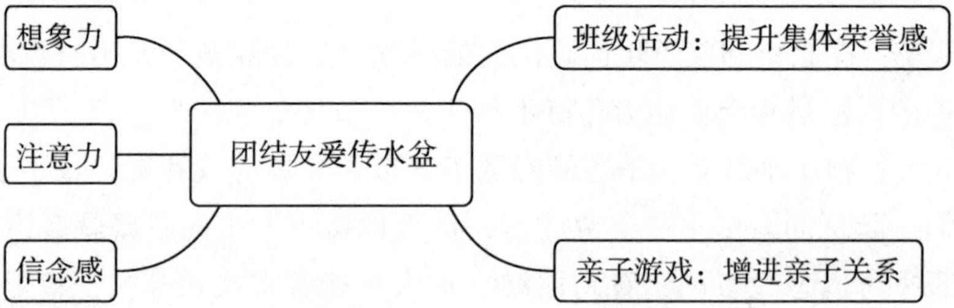

3. 游戏信息表

游戏名称	团结友爱传水盆
适合年龄	7～13 岁
游戏参与者	班级同学，孩子和家长
游戏目的	集中注意力，训练想象力，培养信念感
游戏场地	室内、操场等空旷处
游戏用具	一个大小合适的水盆
游戏时长	自由掌握，可长可短
我的评价	☆☆☆☆☆☆☆☆☆☆

4. 游戏准备

（1）准备水盆，其大小要适合学生的年龄段。

（2）让学生做一些热身运动，以免在游戏中受伤。

（3）选举组长，进行人员分工（参赛者、主持人、小评委等）。

5. 游戏规则

（1）10个学生一组，围坐成比较大的半圆形。

（2）学生端着空水盆走到下一位学生处，小心翼翼地、生怕把水洒出来似的把水盆传给他，依次传递。

（3）小评委评比出每组最优秀的小演员。

（4）各组推荐一名代表进行无实物表演，最后投票评出“最佳仔细奖”“最佳小演员”“最佳组织奖”。

（5）根据难度系数的不同，游戏的规则也不同：

难度系数1.0，让学生传递未装水的空水盆，需引导学生将空水盆想象成装满水的水盆。

难度系数2.0，让学生进行无任何实物的传递表演，既无水，也无水盆。提醒学生集中注意力，想象水盆中装满了水，在传递的过程中保持体积感。

难度系数3.0，各组推荐一名最优秀的小演员作为代表进行表演。在无实物传递的基础上，可以在两人传递交接的过程中适当地加入情境，要求各组代表根据不同的情境调整自己的表演。

6. 注意事项

教师到各组观察并协调小组参赛情况。适时提醒孩子不要着急，保持手上有重量感，在移动的过程中和交接的时候都要注意假装的水盆的大小，不能忽大忽小。

二、游戏点评

“团结友爱传水盆”是一个想象实物表演游戏。盆里什么也没有，却要想象成装着满满一盆水，不能让水洒出来一滴。作为演员训练的一种有效方法，无实物练习几乎包含了演员素质训练的全部。而游戏作为儿童最喜欢的活动方式，适合不同年龄段的孩子，当戏剧游戏与我们的日常教学相互碰撞，在创新教学方法的同时，也增加了学生的兴趣，促进了学生的成长。该游戏有以下优点：

1. 简单，易于操作

“团结友爱传水盆”游戏对道具和场所的要求都较为简单，无论是在学校活动室，还是在家中，只要有空闲就能与伙伴或家长一起游戏。

2. 趣味，收获成长

“团结友爱传水盆”游戏适合小学各个年龄段的孩子，在不同训练侧重点的指引之下，各年龄段的孩子能玩出不一样的花样，低年级的孩子通过该游戏可以锻炼注意力和观察力，中高年级的孩子则能够通过该游戏发挥想象力，提高反应能力。特别是在不同的情境之中，该游戏可以潜移默化地让孩子在体验中学会与同学相处，培养其关注细节的能力。

3. 创造，启迪想象

作为一项演员基本功训练，无实物表演在日常的教学活动中也能发挥相应的作用。在玩游戏的过程中，孩子们也学以致用，自己设计了相应的游戏，如传递热乎乎的馒头、香喷喷的肉包子、一杯冰可乐，等等。

该游戏为无实物表演，不仅需要学生在活动过程中集中注意力，发挥想象力，更需要学生从生活中汲取素材，因为有了对生活的丰富体会，才能通过自己的形体动作再次准确地将其表现出来。儿童具有戏剧天性，需要戏剧的滋养、戏剧教育的激发。该游戏能给予儿童形体思维和抽象思维相结合的时空体验，让儿童更加自由、畅快地在感悟和创造中学习。

三、案例分享

戏剧中学习，游戏中成长

小小的他一个人静静地坐在座位上，眼睛里流露出的是在新环境里的胆怯和不安，陌生的教室、不熟悉的同学……看着他的模样，我不禁陷入了沉思。

孩子在幼儿园时游戏多，学习任务轻，回到家中是轻松自在的，而上了小学后，课堂上的学习要求高了，学习内容多了，不仅如此，还要遵守校园里的各项行为规范和准则。在短暂的时间内，要适应在陌生的环境中交友学习，这对刚步入小学生涯的孩子来说，是不小的挑战。

该如何让孩子快速融入环境，缓解紧张情绪，和新同学一起玩耍呢？如何在游戏中培养孩子们的专注力和班级凝聚力呢？我的脑海里有了想法……

我将孩子们带到操场，分成四个小组围坐在一起，并向他们介绍了游戏规则。根据先前的判断，我选出了四位大方、热情的小组长。刚开始游戏时，有的孩子睁大眼睛仔细地观察，有的孩子十分兴奋，恨不得立马加入游戏，最令我惊喜的是那些在教室里怯生生的孩子脸上露出了笑容，开始主动和同学进行交谈。

第一关难度不大，孩子们基本上都能够按照要求进行传递。随着游戏的进行，大家都打开了话匣子。

第二关开始前，我对第一关中孩子们较为缺失的信念感进行了强调与提醒。然后开始第二关。看呐！他们年纪虽小，却是一副“小戏精”的模样。“嘿呦嘿呦！这盆水真重呀！”瞧着她撸起袖子，弯下腰来；再看他铆足了劲儿一点一点地直起背将空水盆传递给同学……大家都乐在其中！

第三关难度升级，经过对前两关的观察，我们选择了一些表现更有张力的孩子作为代表进行情境式水盆传递，最让我惊喜的是，其中有一个孩子竟然还表演了自己端起水盆后太重，将水盆打翻的模样，只听他一声“哎哟喂”，接着就假装摔倒在草坪上，逗得其他人哈哈大笑。

该游戏让孩子们一起动起来，乐起来，玩起来！无实物表演让我们也像回到了童年一样，和孩子一起享受游戏的快乐。

通过一次次“团结友爱传水盆”游戏，慢慢地我发现班上开始充满欢乐的氛围，在原本胆小的孩子身上我也发现了不小的变化：笑容变多了。尝到甜头后，我开始尝试用游戏的方法和孩子进行交流：读绘本时，我会尽量变化声音，把自己和孩子都代入到角色中；教知识或技能时，我会创设适合孩子的情境，让他们在情境中完成体验。于是，孩子们得到的不只是知识，还有刻骨铭心的经历和经验。

孩子们天生都是演员，我们就应是导演，不断地挖掘他们的天分，让他们在人生的舞台上闪耀！

四、游戏感悟

学生 A：“团结友爱传水盆”游戏真有趣！虽然水盆里没有水，但在传递过程中，我感觉我紧张的心都要跳出来了，我很小心，因为我害怕“水”从盆里溢出来。

学生 B：我希望老师能够给我们更多的游戏时间，我还想试试无实物表演其他东西。

学生 C：通过无实物表演游戏，我觉得要演得和真的端起满满一盆水一模一样可真不容易，班上的“最佳小演员”表演得很生动，以后我也要在生活中好好观察，多加练习，我也想被评为“最佳小演员”。

指星星过月亮

深圳市福田区红岭教育集团华富实验学校　王玮

一、游戏介绍

1. 游戏目标和适用性

孩童时期是培养想象力的最佳时机，孩子们丰富的想象往往可孕育出奇妙的创新。在这个游戏中，学生需要发挥想象力，做出动作。这就要求学生在平时的生活中善于观察，准确掌握事物的特点。在游戏过程中，学生将想象与行为进行联结、转换，想象力和表现力得到双重训练。同时，表演者做出的各种动作也会让人捧腹大笑，既增进了同学间的情谊，又收获了快乐。

2. 功能导图

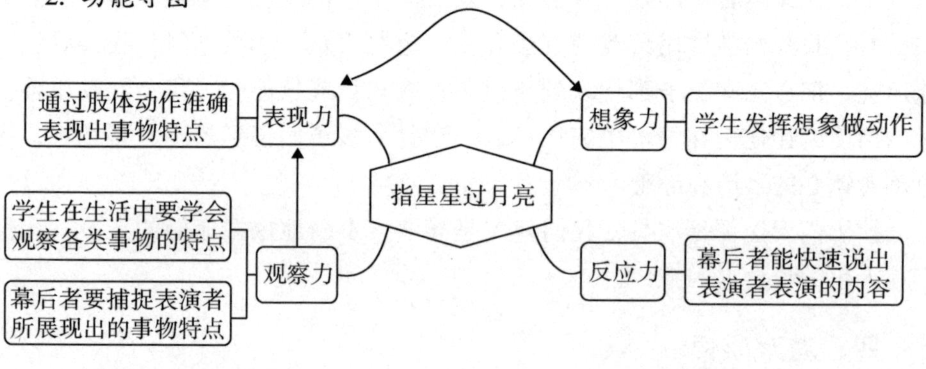

3. 游戏信息表

游戏名称	指星星过月亮
适合年龄	6 ~ 12 岁
游戏参与者	班级同学，孩子和家长
游戏目的	培养想象力、表现力等
游戏场地	室内或室外平坦、宽敞的地方
游戏用具	眼罩一个
游戏时长	自由掌握，可长可短
我的评价	☆☆☆☆☆☆☆☆☆☆

3. 游戏准备

（1）准备眼罩或者布条等可以罩住眼睛的物品。

（2）游戏开始前，表演者先想好要表演的内容和动作。

4. 游戏规则

（1）此游戏需要5人以上的参与者。通过“剪刀石头布”分配角色，第一次赢的人是“幕后者”，最后输的一个人扮演月亮，其他人为表演者。每次游戏中至少有一个“指星星”的人，即手臂举高，伸出食指指向天空。

（2）游戏开始，“月亮”要先戴上眼罩，“幕后者”站在“月亮”身后，两者面向的方向一致。然后表演者每人表演一种行为或者一个形象，边表演边从“月亮”面前走过，动作可重复。接着“幕后者”告诉“月亮”：“做……的人（或者谁）过去了”，直到表演者全部表演完。例如，第一个表演者表演吃饭的动作，“幕后者”说：“吃饭的人过去了。”

（3）游戏过程中，除了“幕后者”，其他人不能发出声音；表演者表演时也只做动作，不发声。

（4）所有人表演完后，“月亮”摘掉眼罩，“幕后者”问：“做……的人是谁?”如果“月亮”猜对了就与这位表演者互换角色；如果没有猜对，可以继续猜，也可以接受惩罚后再与想扮演“月亮”的人互换角色，然后进行下一轮游戏。

（5）教师确定游戏难度系数：

难度系数1.0，表演者表演完后按照表演顺序站好，“月亮”可能会根据站位猜出正确的表演者。

难度系数2.0，表演者表演完后随意站位，“月亮”只能凭感觉猜出正确的表演者。

难度系数3.0，多人合作表演一个内容，“月亮”猜出所有的共同表演者才可以。

二、游戏点评

这个游戏分为三个难度系数，可以层层递进，也可以任选其一，极其考验学生的表现力和观察力。表演者如果想让“幕后者”明白他表演的事物，就需要结合自身的生活经验及生活素材，准确提取素材的特征表演出来。“幕后者”则要根据表演者的动作，迅速说出表演的是什么，十分考验反应能力。另外，这个游戏安全系数较高，对游戏场地的要求不高，校园和家庭都可以开展。

三、案例分享

我们都来“指星星”

每周一的班会课我都会和学生一起总结上周大家各方面的表现。这次没有获得“文明班”称号，学生们都有点沮丧，我们开始一起寻找是哪里出了问题。原来，是个别同学的课间行为不当：有的玩“奥特曼与怪兽”的打斗游戏，有的扯着嗓子呼来喊去……看来，学生们是不知道怎么进行课间游戏啊！我灵机一动，想到了小时候很喜欢玩的一个游戏——“指星星过月亮”，便把它教给学生，学生听完后一个个欢呼雀跃起来。

讲清楚游戏规则后，我找了6个学生开始给大家示范怎么玩游戏。首先分配角色，我来做“幕后者”，6个学生通过“剪刀石头布”分配角色，最终输的那个学生做“月亮”，另外5个学生做表演者。由于没有事先准备眼罩，我便用手捂住“月亮”的眼睛，确保他看不到。

游戏开始了，只见第一个学生伸着舌头喘着气，双手放在胸前，从“月亮”面前走过，我猜表演的是小狗，就说：“一只小狗过去了。”其他同学看着他的表演，再听了我的描述，都笑得前仰后合的。第二个学生手指天空走过去，我说：“指星星的人过去了。”同学们一阵偷笑。第三个学生张着大嘴，动作含糊地走过去，我想了半天也猜不出他表演的是什么，只得说：“不知道什么过去了。”惹得同学们又是一阵哈哈大笑，那个表演的同学也挠挠头发，咧嘴尴尬地笑了。第四个学生抓耳挠腮，一蹦一跳，表演得形象极了，我脱口而出：“一只小猴子过去了。”轮到第五个人表演了，只见他假装手端着碗，拿着筷子，嘴作吸入状，像是在吃面条，还差点发出“吸溜”的声音，被我及时制止了。我说：“吃面条的人过去了。”

待表演者全部“过了月亮”后，“月亮”睁开眼睛，笑意盈盈地看着我。我问他：“小猴子是谁啊？”他思索了一会儿，眼睛在表演的几个人身上打转，过了好一会儿，终于说出了一个名字。还真让他猜对了，同学们不由得鼓起掌来，大笑着说“真厉害”。问他怎么猜中的，他说随便猜的。

这一轮游戏结束了，学生们纷纷要求再玩一局，都想参与其中，奈何课堂时间有限，表演小猴子的学生终究没有做“月亮”开始第二轮游戏。不过，从学生们的表现中，我发现我的目的达到了，于是鼓励他们课下玩这个游戏，也可以跟家人一起玩，爸爸妈妈可能表演得更好。

第二天课间，我发现好几拨同学都在玩这个游戏，不禁会心一笑：还要再找一些好玩的、有益的游戏教给他们才行。

四、游戏感悟

学生 A：现在我和同学们都很喜欢玩“指星星过月亮”游戏，我做“幕后者”的时候，看着同学们五花八门的表演，真的是忍不住大笑。有些同学的表演，我一下子就能说出他演的是什么，有些则想破脑袋也不知道。这个游戏太好玩了，我们每次都玩得很开心。

学生 B：回家后我教哥哥和妹妹玩“指星星过月亮”游戏，还用家里的东西做道具。爸爸妈妈说看着我们玩都觉得很开心，有时候他们也会和我们一起玩。我从来没有见过爸爸演大猩猩，那次爸爸表演大猩猩真是让我笑破了肚皮！是这个游戏让我有机会看到了爸爸的另一面。

学生 C：玩“指星星过月亮”游戏时，我们还试过两个同学合作表演，更好玩，也更难猜。我发现做“月亮”猜的时候真不容易，我们有时候会给“月亮”一点儿提示，要不他得一直做“月亮”。

眉眼传神

深圳市福田区荔园外国语小学（狮岭）　罗志健

一、游戏介绍

1. 游戏目标和适用性

这个游戏有着明确的目标，它能够让学生在轻松、愉快的氛围下有效地组织活动，培养合作能力，提高学生的观察能力、模仿能力以及创造能力。在游戏的过程中，不同年龄段、不同性别、不同性格的学生都能渐渐打开自我，融入集体中。

2. 功能导图

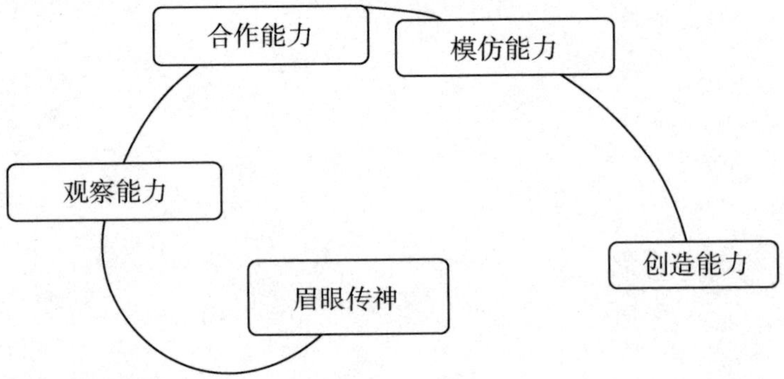

3. 游戏信息表

游戏名称	眉眼传神
适合年龄	7 ~ 12 岁
游戏参与者	孩子和孩子，家庭和家庭
游戏目的	培养学生之间的默契感，以及合作、创造、模仿的能力
游戏场地	平坦、空旷的场地
游戏道具	无
游戏时长	5 分钟 + 5 分钟 + 5 分钟
我的评价	☆☆☆☆☆☆☆☆☆☆

4. 游戏规则

（1）5 人以上（30 人以内，人数越多越好），围成一个圆圈。

（2）游戏过程中不能说话，相互之间只能以眼神交流。

（3）当有两人确认了眼神后，就以相同的速度慢慢相向而行，交换位置。

（4）一次只能有两人处于交换位置状态，当看到其他人行动时己方不能行动。

（5）根据难度系数的不同，游戏的规则也不同：

难度系数 1.0，要求学生：①学会不用语言，而是使用眼神、轻微的小动作交流，确认对方是否要与自己换位置。②观察在场所有人的动作，以免出现多组同时换位的情况。③已交换过位置的两人不能重复交换。

难度系数 2.0，要求学生：①第二轮游戏升级，匀速相向而行的两人到达圆心时，其中一人向对方做一个动作打招呼，对方马上模仿，尽量做到两人动作同步。②先想到动作的一方先做，另一方模仿，需要有默契。③已经有人做过的动作不能重复出现。

难度系数 3.0，要求学生：①第三轮游戏再次升级，两人到达圆心做动作打招呼时，发出一个单音节拟声词（啊、呢、哩……），尽量做到两人动作同步。②已经有人发过的音不能重复出现。

（注：可先让熟悉游戏过程的学生示范，如果人数较多，可以由几位组长带领学生分组游戏。）

5. 注意事项

（1）游戏前放松身心，保持轻松的状态。

（2）游戏过程中保持安静，学习用眼神和微动作交流。

二、游戏点评

1. 培养儿童与他人合作的能力

目前大多数儿童游戏都以“竞争”为目的，不是通过淘汰选出最高分的人，就是通过打败对方的小组成为赢家，能够培养儿童合作能力的游戏较少。本游戏以培养儿童的合作能力为目标，注重游戏的过程而非结果，尤其注重儿童之间的默契培养以及他们的共情能力。

2. 培养儿童的创造力

与一般的游戏注重训练和经验不同，玩本游戏需要运用迁移和创造能力。在思考如何用不与他人重复的动作和单音节打招呼时，儿童需要调动已有的生活经验，这便将游戏与生活联系了起来，激发了学生的创造力。

3. 让儿童放松身心，提高表达力

现代社会的节奏越来越快，无论是儿童还是家长每天都承受着很大的学习压力或工作压力。当我们沉浸在游戏中后，可以放松身心，在摆脱压力束缚后用动作与声音表达自我，从而学会热爱生活。

三、案例分享

意想不到的体验

我在家长群里通知家长们，如果周三下午放学后有时间可以来学校跟孩子们一起游戏。对此，我其实有些担心：到底会有多少家长愿意在忙碌了一天后，来学校玩游戏？

很快，班级群里的接龙情况让我放松了不少——全班 52 个学生，有 28 位家长表示要来参加。

到了周三下午四点半，其他班学生都已陆陆续续放学，我们班的学生则在早已清空的班里等待家长们的到来。他们有的感到很兴奋，因为从没有跟家长们一起在教室玩游戏的经历；有的有些担心，觉得老师叫家长来学校好像不是一件好事；有的则兴致勃勃，在交头接耳猜测家长们来学校玩游戏会是什么样的场面……

陆陆续续到来的家长，也是云里雾里，互相之间开始攀谈，除了好奇，还带着很多不解，都想快点了解这次活动“葫芦里面卖的是什么药”。

家长到齐后，我带着所有人先做了一些放松身心的活动，接着开始讲解游戏规则，再由几个会玩的同学当组长，带其他同学和家长们分组游戏。等各小组都掌握了玩法后，再将所有人聚在一起玩。

不知不觉间，我们从下午五点玩到了七点，天色从明亮渐渐变为黑暗，但家长和同学们玩游戏的兴致还很高，好像都忘记了自己还没有吃晚饭，更忘记了一天的劳累。

解散前，我让家长们说一说今天的游戏感受，比较多的反馈是很久没有这样放松了，这个游戏好像有什么魔力，让人在玩的时候忘记了疲劳，让身心都活了起来，他们体验到了久违的游戏的乐趣。看到家长们轻松的神态，我感到这次游戏活动还是很成功的。

家校合作不仅仅用于教学，也可以用于游戏教育。教育应该以生活为基础，培养孩子们热爱生活、主动探究的精神；在游戏中学习观察他人，感受集体的力量和温暖，养成勤动手动脑的好习惯，培养创造能力；学会放松心情，排解压力，控制好自己的肢体动作及表情。

用好玩的游戏感染学生和家长其实并不难，只要老师肯下功夫思考、寻找。好的游戏能带给学生、家长，还有老师更多的精神财富。

四、游戏感悟

1. 童言稚语

学生 A：“眉目传神”游戏我玩了很多次，现在有了更深的感受。通过这个游戏，我学会了与同学合作，在圆心处的花样打招呼训练了我的随机应变能力，我在苦苦思索怎么做出跟前面的人不一样的动作的过程中，开始从新的角度去看待事物……通过这个游戏，我学会了很多，谢谢老师带我们玩这么有趣的游戏，让我们享受了难得的轻松。

学生 B：玩“眉目传神”游戏之前，我不懂得体会他人的感受，无论是在学校，还是在家里，都以自我为中心，不喜欢被别人否定，不喜欢跟在别人后面。所以刚玩游戏时，我经常因为没有跟同学配合好而表现平平。随着玩游戏次数的增多，渐渐地，我觉得自己走进了一扇奇妙的大门，门里是我没有见过的全新世界，大家都在用各种方式表现自己，我学会了观察他们，我想像他们一样做好，于是我试着配合大家。慢慢地，我也能很好地跟别人交换位置了，我设计的动作还被老师表扬了，我打招呼时喊得越来越大声了……

2. 家长感言

家长 A：在收到老师通知要到学校参加活动后，我就很好奇，老师在学校里跟孩子们玩的那些游戏到底有什么神奇的，孩子每次玩游戏回来都说又紧张又兴奋又激动。今天终于来学校参加了一次，游戏时，自由而轻松的环境很快便让我忘记了一天的疲惫，我集中注意力倾听和观察，大家苦思冥想新的动作和声音，创造力被激发。看着孩子们走路时的自信和从容，我感到有这样的老师孩子们真是太幸运了。谢谢老师，您辛苦了。

家长 B：此时此刻，我才感觉到我的身心是完全属于自己的，真好！孩子非常喜欢老师教他们的游戏，今天我也感受到了这个游戏的魅力，感觉这趟没有白来！

魔方转起来

深圳中学梅香学校（小学部）　王艳

一、游戏介绍

1. 游戏目标和适用性

这个游戏主要在同学之间进行，能够提升学生的观察力、想象力、创造力和协作力，既可以培养学生独立思考的能力，也可以增强学生团队合作的意识。这个游戏益智有趣，不仅适合学生在课间进行，也适合在月底或学期末进行个人和团体PK，从而增强学生的自信心，提高班级的凝聚力。

2. 功能导图

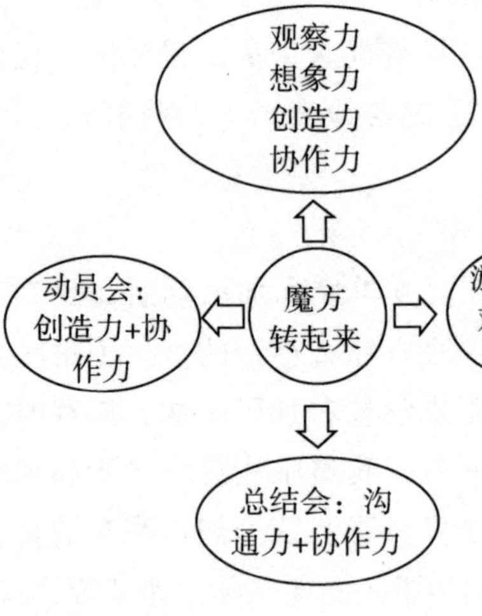

3. 游戏信息表

游戏名称	魔方转起来
适合年龄	7~12岁
游戏参与者	孩子和孩子，孩子和家长
游戏目的	锻炼儿童手、眼、脑的协调能力，提高孩子的记忆力、观察能力和空间想象能力等
游戏场地	室内、室外皆可
游戏道具	三阶魔方
游戏时长	不限
我的评价	☆☆☆☆☆☆☆☆☆☆

4. 游戏准备

（1）准备魔方、计时器、成绩登记表和圆珠笔。

（2）提前将所有魔方打乱。

5. 游戏规则

（1）战队比拼。

①自由组队，每队5人，并给小队起名。

②另选数名同学作为工作人员，负责在赛前打乱魔方。

③选一名同学当计时员。

④前一个队员完全复原魔方后，工作人员重新打乱，然后下一个队员开始复原，直到小队成员全部复原魔方，时间最短的小队获胜。

（2）个人比拼。

用最短时间还原魔方者为胜。

（3）个人问答比拼。

一名同学在旁边提问。比如，数学题：24×5等于多少？或古诗题："谁言寸草心"的下一句是什么？或生活题：你每天写作业用多长时间？……两位比拼者一边比赛，一边答题，先将魔方的六个面还原者获胜。

（4）教师确定游戏难度系数：

难度系数1.0，个人PK，一对一比赛。

难度系数2.0，团队PK，两个或多个人数相等的队伍比拼复原速度。

难度系数3.0，个人问答PK，两位比拼者一边比赛，一边答题，谁先将魔方六面还原谁就获胜。

6. 注意事项

（1）赛前，所有参赛者不得触碰魔方，在裁判喊开始后方可拿起魔方开始复原。

（2）比赛过程中，参赛者不得说话。

（3）复原时间截止到最终魔方落在参赛者面前的桌上。

二、游戏点评

当下，小学生的课间活动比较单一，低年级学生喜欢追逐打闹，存在安全隐患；高年级学生多在教室聊天、看课外书，得不到真正的放松。下棋吧，课间时间有限，一盘棋没走几步，上课铃就响了；打篮球或踢足球的话，教室离运动场较远，来回也比较耗费时间。基于此，我想到了“魔方转起来”这个游戏。

“魔方转起来”是一个益智游戏，具有以下特点：

1. 多种能力齐培养

学生的观察能力、空间想象力、双手的灵活性等，都可以在玩魔方的过程中得到锻炼，这是单单完成书面作业难以培养的能力。

2. 场地不限开心玩

教室、走廊、家里……这个游戏没有场地限制，随处可以开展。此外，还没有人数限制，一个人可以挑战自我，两个人可以比拼速度，多个人进行小组 PK 也很刺激。

3. 交流 PK 获友谊

同学们在玩魔方时，喜欢三五成群进行 PK，看谁的手速快，速度最快者往往成为大家佩服及请教的对象，大家在比拼中互相切磋，一起进步，增进友情。

4. 亲子关系润滑剂

亲子关系总是因学习和辅导作业而紧张，如果能在家玩“魔方转起来”游戏，会使亲子关系更和谐。

三、案例分享

脚步慢下来，指尖转起来

“王老师，晓峰和小羽又在教室追逐打闹，差点把我的桌子撞倒！”媛媛怒气冲冲地来办公室告状。

“不好啦，不好啦，王老师，大事不好啦！咱们班几个男生在走廊里练三步上篮，把指示牌打下来了，还差点砸到路过的同学！”班长跑过来气喘吁吁地汇报。

我一听，顿时头大起来，这个班是上学期刚接手的，五年级的孩子活泼有余，静气不足，总是闹哄哄的，我花了不少心思引导，从阅读入手，希望他们能静下心来，可是，你看……唉！

学校正在进行改扩建工程，暂时没有操场，学生们课间只能在教室和走廊活动，空间小，人数多。开展什么活动能让学生既得到放松，又保证安全呢？

恰好有一天，我看《最强大脑》节目，发现魔方是个适合孩子们玩的益智玩具，于是我“计”上心来。

课间，我在班上问谁会玩魔方，没想到班里有好几个玩魔方高手：小嘉被同学们称为“魔方王子”，女生里小茹最厉害。于是，周一班会课上，我先让小嘉和小茹给全班同学进行三阶魔方复原展示。同学们一个个看得聚精会神，只十秒钟，啪的一声，小嘉的魔方便被完美复原，放在了桌上，小茹紧随其后，也顺利复原。教室里顿时响起雷鸣般的掌声。

这以后，班里掀起了一股魔方热，课间追逐打闹的情况不见了，孩子们三个一群，五个一伙，“哗哗哗……”魔方在他们指尖跳起欢乐的舞蹈。

我趁机宣布：两周后举行班级魔方大赛，有个人 PK、团队 PK、个人问答 PK。同学们听完都欢呼雀跃起来。

比赛那天终于到了。宣传委员早早在黑板上写下“五（5）班魔方大赛”几个大字，每个人的课桌上都放着一个三阶魔方。

先是个人 PK 赛，只见小嘉泰然自若，将对手一个个打败，最后只剩小锋和他对决了。看得出两个人都有些紧张，比赛一开始两个人不相上下，最后一步，小锋一个手滑，慢了一步，小嘉获得了冠军。教室里响起热烈的掌声，小嘉脸上写着胜利者的自豪。

接着是团体赛，男女生分别组成“猛龙队”和“天女队”，每队 5 个人，分别在教室两侧列队。裁判一声令下，双方 1 号队员迅速拿起桌上的魔方旋转起来，大约 15 秒，1 号队员的魔方复原完成被放在了桌上，2 号队员马上拿起 2 号魔方旋转起来，指尖翻飞。两个计时员目不转睛地盯着，眼睛都不敢眨一下。当比赛到了双方的 5 号选手时，教室里瞬间凝固了一般，所有人都屏息凝视，随着“咔嚓”一声响，“猛龙队”先人一步获胜！教室里瞬间爆发出男生山洪般的欢呼，女生有些泄气，耷拉着脑袋像被霜打的茄子一样。

“别灰心，还有咱们女生的强项——问答 PK 呢！”班长打气道。

这一局，男女生各派出选手小强和小菲参加问答 PK，裁判一声“开始”，提问员马上问道：“我们班男生多少人，女生多少人？”“男生 23，女生 22，”小菲一边旋转魔方，一边抢答道。女生欢呼起来。第二题：“深圳市市花是什么？”“簕杜鹃。”小强立马回答，手里的魔方飞快旋转，男生随之发出“耶——”的欢呼声。第三题：“社会主义核心价值观是什么？”话音刚落，只听两人倒豆子一般：“富强、民主、文明……友善！”小菲抢先一步答完，魔方同时落下。“耶——”女生们一边高声欢呼一边冲着男生做鬼脸。此刻，学习委员已经算出成绩，写好奖状，将奖品摆在桌上。

第二天课间，教室里依然是魔方的世界，大家正在为下一次比赛积极准备。孩子们明白：没有最快，只有更快。只要掌握方法，勤加练习，谁都可以成为下一个“王者”。

四、游戏感悟

1. 童言稚语

学生 A：以前我由于不会踢足球，不会打篮球，也不善言辞，所以没什么朋友，总觉得很孤单。后来，我开始玩魔方，有了一群志同道合的伙伴，课间我们相互切磋，不断提速；比赛时我们组成战队，共同击败对手。我们还有了共同的目标——参加国际魔方大赛。

学生 B：魔方，刚开始学比较难，需要记公式，琢磨方法，不断练习，非常考验耐力和毅力。我觉得，通过玩魔方，我的耐力和毅力都得到了提高。以前我一遇到不会做的题就去作业帮搜答案，现在我遇到难题后会反复思考，尽量自己做出来。

2. 家长感言

玩魔方，让我们受益良多

自从孩子迷上魔方后，就不再沉迷手机了，每天晚上一写完作业就开始摆弄魔方。刚开始学时，他一边看教程、记公式，一边琢磨，全神贯注的，一会儿傻笑，一会儿皱眉，从未见过他对一件事如此投入，锲而不舍。原来，他们班最近刮起了“魔方旋风”，一下课同学就三三两两比赛，看谁复原最快。我们做家长的也觉得魔方是个益智游戏，有百利而无一害，很支持孩子玩，后来也让孩子教我们玩。在向孩子学习魔方的过程中，我们发现孩子很有耐心和方法，也意识到自己在辅导孩子作业时正是缺少了这些，才导致鸡飞狗跳的状况。玩魔方，让我们收获良多！

思维力培养篇

加减乘除

深圳市福田区外国语学校（香蜜）　范蕾

一、游戏介绍

1. 游戏目标和适用性

这个游戏能够提升学生的运算能力和最优策略选择能力，可以亲子之间玩，也可以孩子之间玩，在玩的过程中提高沟通能力。游戏场地的选择范围很广，器材准备、携带也方便。

2. 功能导图

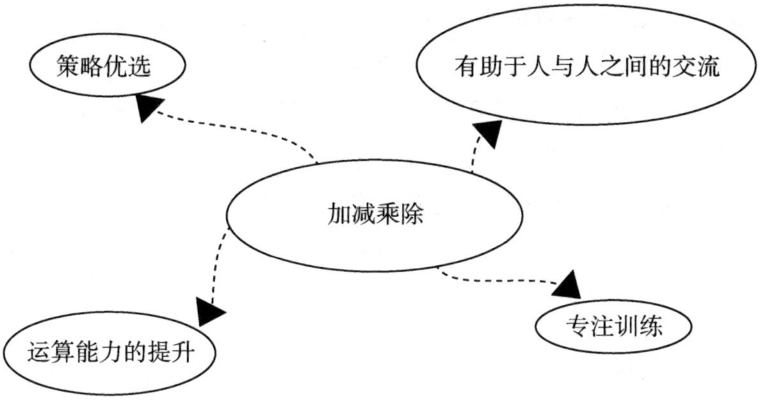

3. 游戏信息表

游戏名称	加减乘除
适合年龄	7 岁以上
游戏参与者	孩子和孩子，孩子和家长
游戏目的	提升学生的运算能力和选择最优策略的能力；提高沟通能力
游戏场地	室内或室外均可
游戏道具	扑克牌
游戏时长	自由掌握，可长可短
我的评价	☆☆☆☆☆☆☆☆☆☆

4. 游戏规则

（1）取：先取出六张牌，正面朝上摊开放在桌上，作为运算中的数。

（2）摸：每人顺次摸三张牌。

（3）算：利用手中的一张牌与桌面上的其中一张牌，用加减乘除中的任一种方法都行，算出本轮的得数，第一轮的得数个位是1即可，比如，可以是1或者11。

（注：在减法中，只能用手上的牌减桌上的牌，反之则不行，大、小王都作为10进行计算。）

（4）放：如果能算出来，那么参与运算的两张牌归计算者所有，计算者再摸一张牌放在自己手中；如果算不出来，就从手中选出一张分值小或者对方不太容易算出答案的牌，放在桌面，然后再摸一张放在自己手中，始终保持自己手里有三张牌。

（5）废：剩余的不能运算出结果的牌，则为废牌。

（6）比分：比较各自的总得分（扑克牌上是几即几分，大、小王各算100分），第一名和第二名比得分，每多出50分升一级，如多出150分，就升三级，从1级开始的话，就进到4级。一方升到10级，本轮游戏结束，先升到10级者为胜。

（7）根据难度系数的不同，游戏规则也不同：

难度系数1.0，J＝1，Q＝2，K＝3；难度系数2.0，J＝11，Q＝12，K＝13。

二、游戏点评

这个游戏具有以下特点：

1. 养成规则意识，优化游戏策略

在游戏中，因为结果的不同，会促使孩子想办法改变策略，所以孩子们首先要熟悉并遵守游戏规则。

2. 增强计算能力，变枯燥为有趣

这种游戏比单纯做口算题更有趣，在算比分的过程中，还能学会比分抵消的办法。

3. 同伴交流技法，丰富课余生活

学习之余，进行“加减乘除”的游戏，有益于交流加减乘除口算的技法，丰富他们的游戏活动。这一益智游戏，还能增进学生之间的友谊。

三、案例分享

新游戏真有趣

在放寒假之前，我一直在思考：如何让孩子们度过一个有意义的假期呢？我教给了孩子们一个我小时候玩的游戏——“加减乘除”。这个游戏能很好地锻炼他们的计算能力，而且比做数学题更有趣，可以几个小朋友一起玩。

这天，应朋友邀请，教她的孩子玩这个游戏。我先简单地介绍了一下游戏规则，然后开始游戏。在第一轮游戏中边教边算，等到第二轮便教孩子怎么选择分值更大的牌进行计算。在游戏过程中，为了激发孩子的积极性，能用大、小王来计算的地方，我一定用大、小王来计算，还不忘炫耀一下，让孩子知道这是分值最高的；遇到可以用 3 和 K 计算的，我则悄悄用 3 计算，放弃用 K，这样到最后比分时，不会比孩子多太多，从而让他有成就感。

玩的过程中，孩子每次摸到王都特别开心，说：“感觉它像 100 元压岁钱——太值钱了。”我们玩了两轮后，又来了几个小朋友，然后，朋友的孩子像我教他那样，教起了别的小朋友，还向他们详细介绍了规则。

在游戏的过程中，我告诉他们，同样的分数先抵消，再算手上剩余的分数会比较容易。

就这样 3 个小朋友和我一起玩了一下午，他们再没有说玩手机，也不提看电视了。

四、游戏感悟

1. 童言稚语

这个游戏让我发现，我得争取得到大、小王，因为它们的分值比较大。和同伴玩这个游戏真的太有趣了，游戏时，我算得总是比他们快；今天也特别幸运，总是被我摸到大、小王。几个小伙伴也非常喜欢这个游戏，我们玩得特别开心。不过，因为是第一次玩这个游戏，我总是记不住 J、Q、K 代表几，每次都得问一下。

2. 家长感言

“加减乘除”新游戏，提高孩子计算能力

孩子的基础运算能力不是很好，对此我们很担心，总是让他做计算题。

孩子并不乐意，效果也不好。学了“加减乘除”游戏后，孩子特别有兴趣，不仅经常在家和我们玩，也常到院子里和其他小朋友玩。和那些孩子玩这个游戏令他感到很开心，他们都不是他的对手，他每次回来都会兴奋地告诉我他的新算法、新策略。比如，要尽量拿分高的牌去计算，才好升级。不知疲倦，乐在其中，不知不觉间，孩子的计算能力提高了，我们非常开心。

周末，他还会组织我们全家玩“加减乘除”，让我们一起进行快乐的计算。

我给小丑贴鼻子

深圳市福田区福强小学　陈诗莹

一、游戏介绍

1. 游戏目标和适用性

在各种信息、价值观奔涌而至的当代社会，信息的提取与判断是至关重要的，因此，学校与家庭都要培养孩子选择信息的能力。这个游戏旨在帮助孩子在众多的信息中，学会选择和判断。这个游戏简单易行，活动空间不受限制，可随时随地开展。此外，该游戏可以培养学生的聆听能力、空间感及信息判断能力。

2. 功能导图

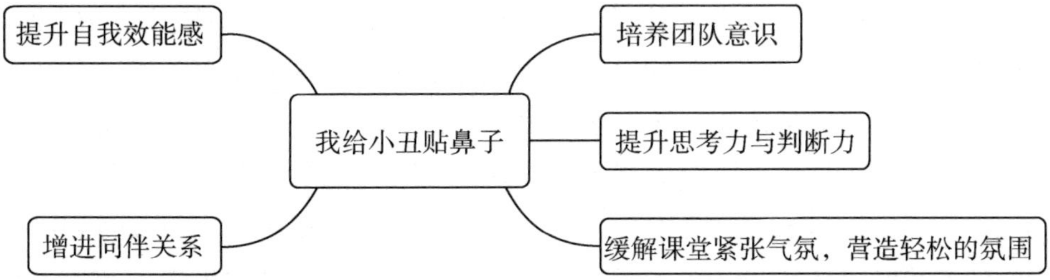

3. 游戏信息表

游戏名称	我给小丑贴鼻子
适合年龄	7～12 岁
游戏参与者	班级同学
游戏目的	培养学生的聆听能力、空间感以及信息判断能力
游戏场地	教室
游戏道具	搞笑的鼻子，眼罩
游戏时长	3 分钟
我的评价	☆☆☆☆☆☆☆☆☆☆

4. 游戏规则

(1) 确定一位队员为贴鼻子者，小组其他成员当助手，引导贴鼻子者走向黑板上画的脸。

(2) 贴鼻子者从距离黑板三米远处开始走向目标。

(3) 摸到黑板后贴鼻子者尝试粘贴鼻子。贴鼻子者可求助周边的参与者，获得“上、下、左、右”提示一次。

(4) 摘下眼罩，看结果。鼻子贴在指定的范围内即为获胜，可获得一颗星。

(5) 根据难度系数的不同，游戏规则也不同：

难度系数1.0，游戏过程中要求其他小组保持安静，不得干扰。

难度系数2.0，游戏过程中其他小组可以出声干扰，提示错误信息。

难度系数3.0，游戏过程中要求贴鼻子者原地转三圈走向黑板，在他人干扰下贴鼻子。

二、教师点评

统编版《道德与法治》二年级下册第二单元的内容是“我们好好玩”，这一单元共四课，分别是“健康游戏我常玩”“传统游戏我会玩”“我们有新玩法”“安全地玩”。《义务教育道德与法治课程标准（2022年版）》中要求学生能根据需要动手做简单的道具、小模型、小物品等来开展活动。传统游戏承载着民族的文化传统，体现着过去人们的生活方式及智慧，能帮助儿童健全身心、娱乐自我，同时也是人与人之间相互沟通的一种方式。传统游戏的用具不受限制，孩子们可以自己动手制作，这便使得孩子在游戏过程中有很大的想象和改造空间，能培养其设计与制作能力，以及积极思考与思维判断的能力。其中，“我给小丑贴鼻子”就是孩子们喜欢的游戏之一。

三、案例分析

游戏作文玩起来，动手动脑又开心

作文课上，孩子们总是对我说：“作文好难写啊！”“要怎么下笔写啊？”“老师我写的作文怎么总是干巴巴的？”……孩子们的问题一直在我脑海中回荡，看来需要找个“师傅”来指导一下孩子们的作文啦！

经过了解，我发现孩子们之所以觉得作文难写，是因为他们不知道从哪个角度进行观察，没有亲身体验，没有办法发挥想象，这是没办法写出细致有趣的作文的。于是，我本着丰富孩子课余生活，既动脑动手又有趣的原则，找到了“我给小丑贴鼻子”这个游戏，希望通过游戏，引导学生亲身体会，学会观察，积累写作素材。

游戏开始了，孩子们一个个兴致勃勃的，都积极地去思考、参与。随着游戏的深入，孩子们由刚开始的小心谨慎，慢慢可以放开去帮助别人，甚至去干扰别人。有的孩子十分自信地把鼻子贴歪了，更有甚者把鼻子贴到了脸的外面，引来同学们的哄堂大笑。在欢笑声中，孩子们的关系更亲近了。游戏很快就结束了，但笑声在班级中久久回荡。

孩子们围绕游戏写的作文也不再单调，具体的神态描写、绕梁不绝的笑声，就连各种修辞手法，都能在作文中灵活运用起来，很多孩子作文中描写的有趣场面让人忍俊不禁。看样子，一场有趣的活动不仅可以增进孩子之间的感情，缓解孩子们对作文的焦虑，还可以让他们收获童年的快乐。

四、游戏感悟

1. 童言稚语

哈哈哈……爆笑声从我们三（4）班传出。你知道我们在干什么吗？我们在玩“我给小丑贴鼻子”游戏，跟我一起来感受一下这个游戏的快乐吧！

陈老师介绍游戏规则后，我们就赶紧开始了。首先是田×和顾××进行贴鼻子。我猜他们肯定既高兴又紧张，还很激动。高兴的是能从49人中被选出来很荣幸，紧张的是自己是第一组被叫出来的，激动的是害怕自己贴的地方太离谱。原地转三圈后，他们两人左摇右晃地好像要倒在地上似的。好容易走到了白板前，准备贴鼻子了，他们又犹豫不决，左移移右挪挪，好不容易贴上一个鼻子，但贴的地方简直让我们笑破了肚皮，田×把鼻子贴到了嘴边，顾××贴得更搞笑，把鼻子贴到了脸颊的外面，调皮鬼乔×居然还在那里起哄！

第二次老师让他们分别选自己最信任的人对他们进行指导，田×选了刘××，顾××选了伍××，经过提示，他们两个终于把鼻子贴对了。后来，老师又选了邓××和梁××两人给小丑贴鼻子，他们贴得让人觉得更不可思议——竟然把鼻子贴到了同一个地方。

这个游戏太有趣了。通过这次游戏，我认识到团结的力量，以后，我们要团结起来，争取获得更好的成绩。

2. 家长感言

玩起来的作文，笑起来的家庭

平时我们最怕的就是孩子对我们说今天的语文作业是写作文，因为一旦开启“作文模式”，那么家中必定是鸡飞狗跳，妈妈的高音指导，爸爸的重音叹息，孩子的低声哭泣，在这“五音俱全”的噪声中，孩子艰难地完成作文。

今天我回到家，询问作业，一听是作文，不由眉头紧锁，心中暗自叹息。但令我没想到的是，孩子居然已经独立完成了！我心有不安，带着必定会重写的心情读着孩子的作文。读完后，感觉还是不错的。后来孩子还和我分享了今天作文课上的趣事，以及孩子们之间有趣的故事。看着孩子的笑脸，和渐渐放下的对作文的恐惧，我也松了一口气。

开火车

深圳市福田区益强小学　李霞

一、游戏介绍

1. 游戏目标和适用性

这个游戏可以在父母和孩子、同学与同学之间，以及亲友之间进行，可以增进亲子关系、同学关系的和谐与融洽。游戏简单易行，可随时随地开展，不受空间限制，还可以有效解决课间安全问题。除此之外，这个游戏可以训练学生的专注力、身体协调性以及思维能力，还可以开阔学生视野，让他们体验到游戏的快乐。

2. 功能导图

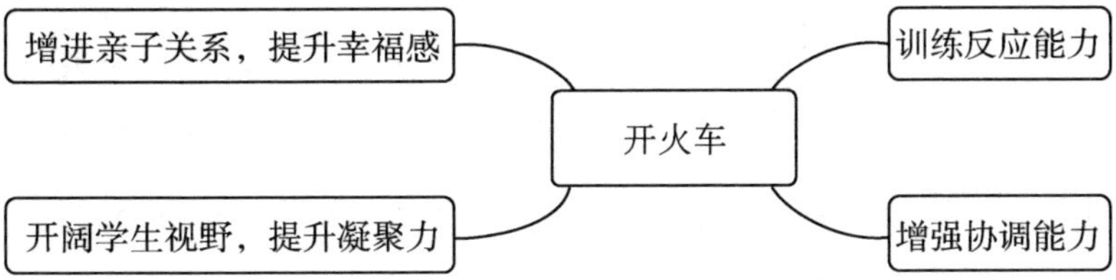

3. 游戏信息表

游戏名称	开火车
适合年龄	6～12 岁
游戏参与者	孩子与孩子，家长和孩子
游戏目的	初步培养儿童的反应能力和肢体协调能力
游戏场地	教室、走廊、操场、户外、家里的客厅等
游戏道具	椅子
游戏时长	10 分钟
我的评价	☆☆☆☆☆☆☆☆☆☆

4. 游戏规则

（1）游戏开始前，选出一人为主持人，负责宣布游戏开始和判定输赢，参与游戏者每人说出一个地名代表自己，注意地名不能重复。

（2）游戏过程中，游戏者一边拍手一边说出地名。假设A同学来自北京，B同学来自上海，C同学来自深圳，D同学来自西安……

主持人宣布游戏开始后，A同学起立边拍手边说："北京的火车就要开。"

大家一起问："往哪开？"

A同学说："往上海开"。

B同学就要马上起立，边拍手边接着说："上海的火车就要开。"

然后大家一起问："往哪开？"

B同学选择好游戏对象，说："往××开。"

……

如果对方反应慢，没有及时接上，则为输。

（3）根据难度系数的不同，游戏的规则也不同：

难度系数1.0，选择地名时，可以选择国内的一些大家所熟知的城市，如北京、上海、深圳、广州、成都、西安、拉萨、青岛、长沙等，也可以选择国内一些大家不太熟悉的三、四线城市，如盐城、韶关、丽水、益阳、娄底、枣庄等。

难度系数2.0，选择地名时，可以选择知名的国家或国外的城市，如美国、英国、澳大利亚，华盛顿、纽约、温哥华、悉尼等，也可以选择一些不为人熟知的国家或城市，如柬埔寨、不丹、格鲁吉亚、乍得、贝宁，大邱、马赛等。

难度系数3.0，选择地名时，不限国内外，可以将简单的和复杂的相互掺杂，增加游戏的难度，还可以自创地名。

5. 注意事项

（1）这个游戏的参与人数不宜过多，最好不超过12人。

（2）游戏时，确保周边环境的安静。在室内玩耍时，相邻的桌椅要保持一定距离，方便起立和拍手。

（3）预备铃响后，结束游戏。

（4）在孩子游戏的过程中家长耐心指导，适当夸奖，不能打击孩子。

（5）睡前不宜玩这个游戏，以免孩子过度兴奋，延迟入睡时间。

（6）低年段的孩子，在玩此游戏时，可准备彩纸、胶水、剪刀、铅笔、彩笔等，设计头套或者制作简易牌子，在头套或牌子上写上城市的名字。

二、游戏点评

课间安全一直是困扰老师和家长的问题。如果规定孩子在课间只能在教室休息，虽然安全更有保障，却没有做到尊重孩子爱玩的天性，也使孩子的大脑无法得到足够的休息。但如果任由孩子自由活动，又容易出现追逐打闹的情况，存在很大的安全隐患。“开火车”这个游戏简单实用，既可以让孩子通过游戏得到足够的休息，也可以有效避免安全事故的发生。这个游戏具有以下优点：

1. 简单易行，受时间、场地影响小

“开火车”游戏简单易行，不需要什么道具，不需要做长时间的准备，也不需要很大的场地，不但可以在教室内开展，也可以在走廊站着玩，在体育课自由活动时也可以玩。此外，在家里的客厅、卧室，或者户外都可以玩。

2. 协调身体，训练思维能力

“开火车”游戏要一边拍手一边说，不仅要记住自己代表的城市，而且要记住其他游戏者代表的城市，这对孩子的短时记忆是一个考验，同时能锻炼孩子的思维能力和反应速度，也有助于锻炼孩子大脑与手部动作的协调配合能力。

3. 环保低碳，不需要另购玩具

如果是低年级孩子玩“开火车”游戏，可以用纸张制作简单的头套或者标志牌，帮助孩子记忆，既低碳环保、节约资源，又锻炼了孩子的动手能力。对高年级孩子和成人来说，这个游戏围成一个圈就可以玩，游戏结束后，也不需要收拾玩具和场地。

三、案例分享

不怕输，跌倒再来

晚上，孩子写完作业后，我尝试和孩子一起玩了老师推荐的这个游戏，参与这个游戏的还有孩子的爸爸、爷爷和奶奶。

刚开始，我们各自代表的都是国内知名的城市。在经历过四五次的失误后，我们都熟悉了这个游戏。为了增加游戏的难度，我们约定要说一些另外的国家和国外的城市。这对孩子来说有些难度，才玩了一局，孩子就不愿意玩了。于是，我就给孩子讲了游戏中涉及的几个国家的历史和城市的特色。当我讲完后，孩子对这些国家和城市有了更多的了解，就能快速地记住了。我们就这样愉快地玩了好几轮，我又看到了孩子那灿烂的笑容。

在这次游戏中，孩子不仅感受到了我的关心，还学习到了一些国家和城市的名字，了解了这些国家和城市的历史和特色。我也引导孩子，遇到困难不要轻易放弃，要想办法去解决，自己解决不了的，可以找爸爸妈妈帮忙。

孩子在“开火车”这个小游戏中，受益颇多。

四、游戏感悟

1. 童言稚语

这个游戏好玩又简单，在哪里都可以玩，而且很安全，避免了同学们玩耍追逐时的碰撞。通过这个游戏，我也知道了更多的城市，无论是国内的，还是国外的，真希望有一天，自己可以去这些地方旅游，在那里留下自己的足迹。

2. 家长感言

小游戏，大收获

孩子们在课间或者体育课自由活动时玩“开火车”游戏，大大降低了孩子们受伤的概率，我特别支持这个游戏。这个游戏不仅能促进孩子们之间的感情，增进友谊，使班级形成和谐的氛围，增强班级的凝聚力，还能让孩子们在课间实现思维转换，提升孩子们多方面的能力。此外，这个游戏让孩子们不仅对祖国有了更多的了解，也对世界上的其他国家有了更多的了解，激发了孩子们学习的兴趣与动力，在孩子们幼小的心灵里种下放眼世界的种子，使孩子们拥有更开阔的胸怀。

倒着说

深圳市福田区外国语学校（福保）　林欢纯

一、游戏介绍

1. 游戏目标和适应性

这个游戏适合小学阶段的所有年级，孩子们在识字的基础上，借助卡片倒着说词语或短语，寓教于乐，既锻炼了专注力和反应力，又提高了组织能力和口头表达能力，是一个在学校课间或家庭闲暇时间都能进行的小游戏。

2. 功能导图

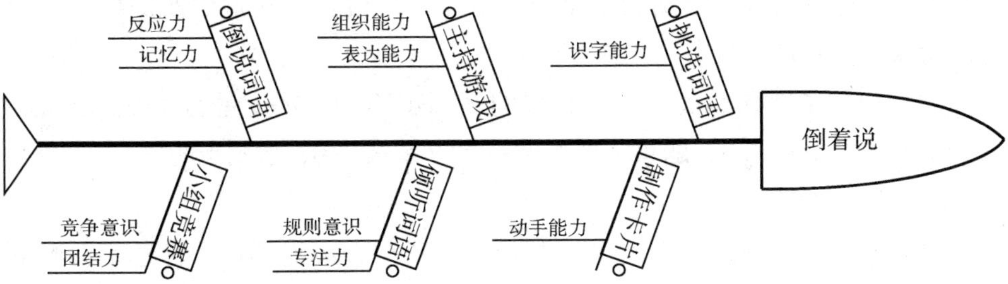

3. 游戏信息表

游戏名称	倒着说
适合年龄	7 ~ 12 岁
游戏参与者	孩子和孩子，家长和孩子，家庭和家庭
游戏目的	培养孩子的专注力、记忆力和反应力等
游戏场地	室内、公园草地等空旷处
游戏用具	三字、四字、五字小卡片
游戏时长	可自由掌握
我的评价	☆☆☆☆☆☆☆☆☆☆

4. 游戏准备

（1）制作题卡。准备彩色卡纸和马克笔，按照题目要求的不同字数，分别剪成10厘米×8厘米、14厘米×8厘米、18厘米×8厘米的长方形卡纸，然后把词语用马克笔工整地写在卡纸上，分成三字、四字、五字三类题目。

（2）制作题目纸箱。准备三个小纸箱，分别写上“三字题”“四字题”“五字题”，将题卡放入相应的题目纸箱。

5. 游戏规则

（1）一对一游戏：根据孩子的能力水平，先规定所出题目的字数，如这一轮出的题目是三个字的，则拿出三字游戏卡片，由出题人抽取题目并大声读题，如“马赛克”，那么答题人必须在5秒内把刚才的词语反过来说，也就是“克赛马”，如答对，则答题人与出题人互换角色，答错或超时答不出来，则对方胜出。

（2）团体互动游戏：选一个出题人，答题人人数不限，出题人抽取题目并大声读出，其他人迅速反着说一遍，如“新年好”，答题人要迅速说出“好年新”。第一个正确回答出来的人当下一轮的出题人，可以在游戏过程中不停增加难度，题目从三个字到四个字再到五个字，说错或在规定时间内答不出者被淘汰，直到剩下最后一人为获胜者。

（3）根据难度系数的不同，游戏的规则也不同：难度系数1.0，题目为三个字；难度系数2.0，题目为四个字；难度系数3.0，题目为五个字。

6. 注意事项

（1）一对一游戏时，说话要注意音量，两个人适当靠近，尽量不影响其他人。

（2）多人互动游戏时，出题人要注意说话音量和与答题人的距离，要使每个答题者都能听清题目。

（3）出题人注意读题时的语速要适中，让答题人都能听清楚题目。

（4）适时更换题目卡片内容，增加新鲜感。

（5）根据孩子的认知水平制作题目卡片，以达到寓教于乐的效果。

（6）游戏过程中家长要多鼓励孩子，增强其自信，让孩子感受到游戏的快乐。

（7）游戏不宜在睡前进行，以免大脑过于兴奋，影响孩子睡眠。

二、游戏点评

爱玩是孩子们的天性，一到下课时间，孩子们总想找点乐子，所以，引导孩子们在课间文明游戏、放松身心，是每个班主任的重要任务。将益智小游戏引入课间活动，让孩子们在玩乐中有所收获，是个不错的选择。在众多的课间小游戏中，我觉得“倒着说”这个游戏有以下优点：

1. 培养孩子的专注力

在游戏过程中，要求答题者必须认真倾听出题人的题目，听清楚词语或短语，才能正确地倒着说出来。

2. 锻炼孩子的记忆力

听清楚题目词语之后，孩子们还要快速记住这个词语，先在脑海中呈现出字符，再把字符倒过来念，这就需要孩子们有很好的记忆力。

3. 提高孩子的反应力

在游戏过程中，因为有答题时间的规定，或者多人抢答的环节，孩子们的好胜心驱使他们快速做出反应，积极答题。

4. 增强班级的凝聚力

班级里各个小组之内、小组之间，都可以进行游戏，既能够合作分享题目卡，又能够以小组为单位展开竞争。在合作与竞争中，同学们之间增进了情感，班集体的凝聚力也增强了。

三、案例分享

新学词语倒着说，课间文明又好玩

自从我把“倒着说”这个游戏引入课间后，孩子们一改平时一到下课时间就追逐打闹的状态，他们三三两两地或在教室里围着课桌，或在走廊聚成小圈，兴高采烈地玩起“倒着说”这个小游戏。

孩子们的记忆力非常强，制作的词卡很快就能倒背如流。后来，我发现孩子们的创造力也不容小觑。语文课堂上，每一篇课文都有生字词或好词需要积累，聪明的孩子们就地取材，一下课就把当天语文课上的词语制作成题卡，运用到“倒着说”的游戏中来，下课玩得不亦乐乎。这个方法，既帮助孩子们巩固了对词语的掌握，又巧妙地解决了题目老化的问题，我不禁为孩子们丰富的创造力赞叹。

现在，孩子们课间追逐打闹的现象已经明显减少。他们在课间文明玩游戏，既巩固了知识，又放松了心情，一举两得。

四、游戏感悟

1. 童言稚语

林老师给我们介绍“倒着说”这个游戏后，回家我就迫不及待地让爸爸妈妈陪我玩。但是，在家里玩我总是输，可能是爸爸妈妈太厉害了吧，渐渐地，我就不太想玩这个游戏了。

后来，老师让我们在课间和小伙伴一起玩，我突然发现，我总是能赢，后来我知道了原因——爸爸妈妈说的词语，很多我都不知道，所以没有办法很快反着说，而在和同学们一起玩的时候，老师出的词语都是我们学过的或熟悉的，所以我很快就能答对，我甚至还获得了“记忆超人”的称号。我越来越喜欢这个游戏了。

回家我把这件事告诉了爸爸妈妈，爸爸妈妈也为我重新制作了词卡，现在我们一家玩得特别开心。

这个游戏还让我体会到了当主持人的成就感，在家里和爸爸妈妈、爷爷奶奶玩游戏的时候，我最喜欢当出题者，让他们抢答，我认真听每个人的答案，分辨出谁被淘汰出局。我这个“小小主持人”可真是太棒了！

2. 家长感言

在寓教于乐中实现高质量陪伴

识字卡片我们在孩子幼儿园时就买了，刚开始孩子还比较感兴趣，但随着孩子识字能力的提高，识字卡片就变得更像是家长对孩子的考查，孩子渐渐就不那么喜欢了。最近，老师介绍了这个“倒着说”的小游戏，全家都能参与，孩子喜欢，寓教于乐，让孩子和家长在游戏中都能有所收获。

首先，培养了孩子的动手操作能力。题目卡纸的制作，量尺寸、裁剪、写词语和短语等，孩子都会亲自动手操作，很好地锻炼了动手能力。

其次，培养了孩子的识字能力。我们全家一起出题，在孩子的识字范围内，挑选难度适中的词语，在这个过程中，也培养了孩子的识字能力和换位思考的方式。

再次，提高了孩子的组织能力和口头表达能力。以前的游戏都是我们家长出题，孩子作答，“倒着说”游戏可以交换角色，由孩子当出题人，爸爸妈妈、爷爷奶奶当答题人。在这个过程中，孩子必须熟悉游戏的内容和规则，组织好游戏的开展，组织能力和口头表达能力也得到了锻炼。

最后，这个游戏极大地改善了我们的亲子关系和家庭氛围。以前我们虽然也知道要多陪伴孩子，但常常因为各种问题导致陪伴的质量并不高。“倒着说”这个游戏，需要各方注意力高度集中，反应敏捷，家长需要全身心投入陪伴孩子，爷爷奶奶也能参与到游戏中来，实现了高质量陪伴，全家其乐融融。

魔方华容道

深圳市福田区下沙小学　卢少华

一、游戏介绍

1. 游戏目标和适用性

这个游戏适合小学 1 ~6 年级的小学生，可以在学校开展，也适合成为亲子活动。适合玩这个游戏的场地也很多，只要是比较宽阔、空旷的地方即可，时间也容易安排。玩这个游戏的目的是，初步激发学生学习数学的兴趣，培养学生的数学思维，让学生通过游戏感受数学，喜欢上数学，体会数学的独特魅力，从而提升数学素养。

2. 功能导图

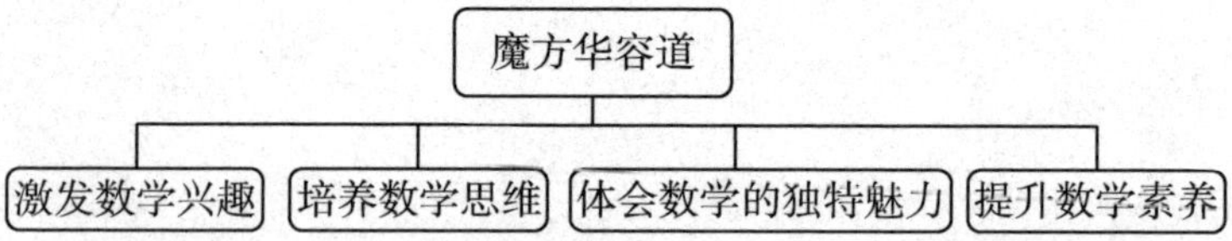

3. 游戏信息表

游戏名称	魔方华容道
适合年龄	7 ~12 岁
游戏参与者	个人、小组、班级等
游戏目的	激发学生的数学兴趣，培养学生的数学思维，提升学生的数学素养等
游戏场地	室内、公园草地等空旷处
游戏道具	魔方华容道，魔方币，秒表，英雄榜
游戏时长	每次 20 分钟，连续 5 天
我的评价	☆☆☆☆☆☆☆☆☆☆

4. 游戏准备

（1）准备9副魔方华容道，50个魔方币，1个秒表，制作的英雄榜。

（2）各小组确定组名，如风暴组、闪电组、彩虹组、星空组、钻石组、火焰组、智慧组、猎豹组、火神组等。

（3）工作人员安排：记分员一名，裁判一名，计时员一名，法官一名（师兄或者师姐），其他人员由参加下一组比赛的成员担任。

（4）赛前在小组内部热身，家长可以协助他们进行热身，以积累经验，还可以协商小组的比赛策略和暗号。

（5）比赛前进行宣誓：遵守比赛规则，友谊第一，比赛第二。

5. 游戏规则

（1）比赛前，参赛者打乱游戏盘中的色块，并将框架保持为中间直立的状态。

（2）裁判喊“倒计时，3、2、1，开始”，大屏幕上统一展示由彩色骰子器拼成的图案。参赛者移动游戏盘中的色块，谁将游戏盘正中间的9个格子拼出与彩色骰子器相同的图案，即可将框架盖到自己这一边，并举手示意，然后由学生裁判检查色块是否拼对，并宣布排名。

（3）初赛：小组内部共进行两轮，第一轮是6进3，最先拼出指定色块的前三名同学进入下一轮比赛。第二轮是3进1，最先拼出指定色块的同学成为小组第一名。小组前三名的同学进入班级决赛，角逐冠、亚、季军。

（4）决赛：全班角逐擂主，共进行两轮，第一轮是9进3，最先拼出指定色块的前三名同学进入下一轮比赛。第二轮是3进1，最先拼出指定色块的同学成为擂主。然后擂主守擂，其他班级学生可以来攻擂。

（5）游戏可在午读时间进行，一天进行三组比赛，第五天进行决赛、攻擂赛。每次赢的同学都可以拿下失败的同学的魔方币成为自己的筹码，最后张贴在英雄榜上。将结果录入“班级优化大师系统”，冠军得10分，亚军得8分，季军得6分，其他小组得4分，并在期末评选“华容道之星”。

（6）根据难度系数的不同，游戏的规则也不同：

难度系数1.0，犯规获得组员提醒5次或5次以内，得到5个魔方币。

难度系数2.0，犯规获得组员提醒3次或3次以内，得到10个魔方币。

难度系数3.0，犯规获得组员提醒2次或2次以内，得到15个魔方币。

二、游戏点评

学生的注意力时长有一定的规律，如果全天都是有意注意的话，则会影响学生的身心健康。午读20分钟有利于孩子们放松和休息，提高孩子的校园生活质量，但是，这20分钟也是学生放飞自我的时间，很多学生追逐打闹，有的还玩危险的游戏，导致校园安全问题备受关注。因此，午读时间做什么也是让班主任头疼的一个难题。我们在这个时间进行“魔方华容道”游戏，既能锻炼学生的动脑、动手能力，还能训练学生手眼配合的能力，更能提高学生的专注力，增强学生的良性竞争意识。当别的班级的学生过来攻擂时，学生一起群策群力，有利于班级凝聚力的形成。最重要的是这个游戏没有场地的限制，在道具齐全的情况下，可以随时随地进行，可以让孩子摆脱手机等电子产品对视力带来的伤害。

“魔方华容道”的升级版可以成为一项亲子游戏，很少有家长能够真正坐下来带孩子好好玩一个亲子游戏，共度一段亲子时光。工作压力、生活压力等让很多家长缺席了孩子的成长，家长的缺席影响了亲子关系，也影响了孩子幸福的归属感。闲暇之余，作为班级大家长，我仍然希望家长多陪伴孩子，正所谓“陪伴是最好的教育，也是最长情的告白”。只要家长愿意付出时间陪伴孩子，我们的亲子游戏时光就是有意义的，亲子关系也会更加和谐。

三、案例分享

玩中学，寓教于乐

时间：2021年3月22日—3月26日

地点：深圳市福田区下沙小学201班旁边的小花园

人员：201班50名学生，305班3名学生，2名家长，201班班主任。

具体过程：

3月22日、23日、24日的午读时间，风暴组、彩虹组和闪电组，星空组、钻石组和火焰组，智慧组、猎豹组和火神组分别进行内部比赛，角逐小组代表，输的组把魔方币送给赢的组，赢的组在上面写上自己组的名字。

3月25日（决赛），决赛小组是钻石组、智慧组、猎豹组和火神组，其中火神组代表李正祺取得胜利！

9组小朋友八仙过海，各显神通。为了备战个人积分赛，他们平时在家经常约战家人，提高自己的移动技巧和速度，希望在比赛时发挥出自己真正的实力。

四、游戏感悟

1. 童言稚语

学生 A：我们快速地移动着色块。忽然间，移动华容道难住了我们，时间快到了，我试着加快速度，边移动板块边观察底盘色块，可是对方太强大了，我们最后还是失败了。

学生 B：我觉得这个比赛意义非凡，不仅能提高我们的动手操作能力和思维能力，还能激发我们探究的动力。

2. 家长感言

家长 A：这个游戏极大限度地促进了孩子们眼、脑、手、口、耳多种感官的协调，不仅能培养孩子们敏捷的运算能力和反应能力，还能使他们集中注意力，提高数学思维的水平，让他们学会思考，提高动手能力，进而提升学习水平。

家长 B：有些孩子之间的差距有些大，使得弱者有一种被“吊打”的挫败感。失败的孩子可以多约战，积累经验，反思和总结，熟能生巧。

表达力培养篇

趣味猜成语

深圳市福田区园岭教育集团园岭外国语小学　林江雪

一、游戏介绍

1. 游戏目标和适用性

这个游戏可以在学校开展，也可以在家庭开展，游戏场地可选择的比较多，室内、广场、公园草地等平坦的空旷处均可。这个游戏的目的在于通过玩游戏来激发孩子求知的动力，提升积累成语的兴趣，并使他们能够在玩的过程中快乐地学习和积累。

2. 功能导图

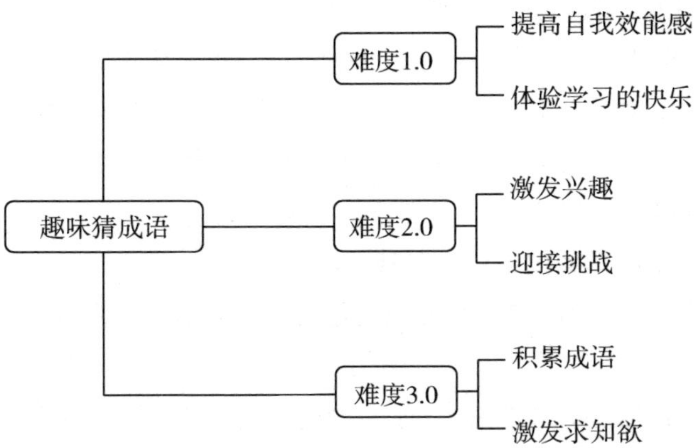

3. 游戏信息表

游戏名称	趣味猜成语
适合年龄	7 岁以上
游戏参与者	孩子和孩子，孩子和家长（4 人以上）
游戏目的	让孩子在游戏中积累成语，体验学习的快乐
游戏场地	室内、广场、公园草地等平坦、空旷处
游戏道具	做好的成语卡片
游戏时长	可长可短，自行把握
我的评价	☆☆☆☆☆☆☆☆☆☆

4. 游戏准备

（1）找一个相对空旷的场地。

（2）准备若干个关于某个主题（如诚信主题、团结主题、友善主题等）的成语，用 A4 纸打印出来或者由主持人手写出来，一纸一字。

（3）准备一卷双面胶，将准备好的每一张纸的背面都贴上双面胶。

5. 游戏规则

（1）请四个游戏者站成一排，分别在他们后背上贴上一张纸（四张纸上的字组成一个成语）。然后让他们手拉手围成一圈，按逆时针方向跑三圈，接着解散。这时候每个人都尽力去看其他三人背上的字，再猜测自己背上的字，从而猜出这个成语。游戏者每猜出一个成语，记分员就给他们加一分。游戏结束时，得分最多的人获胜。

（2）根据难度系数的不同，游戏的规则也不同：

难度系数 1.0，给出完整的关于主题的四字成语，打乱次序贴在四位同学的背后。

难度系数 2.0，给出完整的关于主题的四字成语，但要遮住其中一个字的一部分，如“一诺千金”这个成语，可以遮住“诺”字的言字旁或者右边的“若”，再打乱次序贴在四位同学的背后。背后贴半个字的同学不参与猜词，然后换相应主题的其他成语，让四位同学中的每一位都有机会贴半个字，以保证游戏的公平性。

难度系数 3.0，给出关于主题的四字成语中的其中三个字，打乱次序贴在三位同学的背后。同理，也是找相应主题的四个成语，四位同学中每一位都有机会不贴。

6. 注意事项

（1）玩游戏前，参赛者应换上舒适的运动鞋，以免摔跤。

（2）玩游戏前，参赛者可以简单活动一下，做一下热身运动，以免筋骨受伤。

（3）在游戏过程中不能推搡同伴，一定要注意安全。

（4）选择一个相对空旷的地方，如公园草坪。若在室内玩，则需圈出一个比较大的游戏场地，并转移其中的障碍物，以免游戏者活动起来被碰到。

（5）在游戏的过程中，要适当夸奖，当孩子百思不得其解时，不能打击孩子，要鼓励，以增强孩子的自我效能感。

（6）在游戏过程中，游戏者注意不要将自己看到的字告诉他人。

（7）若在游戏的过程中，游戏者久久不能猜出某个成语，主持人可以相机给点提示，如将游戏者已知的其中三个字的顺序告诉他们。

（8）如果学生主动想要作为主持人，应大力表扬，鼓励尝试。

（9）活动结束请各个游戏者分享今天玩的成语，并说一说哪些成语是通过这个游戏知道的。

二、游戏点评

在平时的学习中，我们总是提醒孩子要注意积累一些好词好句。在孩子积累的好词中，成语占据着主导地位。那么，我们如何将学生被动的记忆积累变成主动的学习呢？于是，我进行了“趣味猜成语”游戏的试验，效果出人意料！这个游戏有以下优点：

1. 尊重孩子的天性

玩，是孩子的天性！在教育的过程中，一定要尊重孩子的天性，保护他们的天性。爱跑、爱跳、爱玩才是童年时期孩子最真实的模样。

2. 符合在玩中学的理念

在玩中学，是孩子最容易接受的教育方式。孩子们通过玩游戏来激发求知的动力，提升积累成语的兴趣，并在玩的过程中自由、快乐地学习和积累。我们在平日里费尽口舌、威逼利诱孩子去积累成语，不如进行一场“趣味猜成语”的游戏。

3. 有利于增进同伴间感情

无论是跟同学、朋友一起玩，还是跟家人一起玩，孩子们在玩的过程中都能增进彼此的感情，使彼此的关系更加紧密。

4. 有利于增强孩子自信

孩子们在玩“趣味猜成语”游戏时可以向同伴展示自己丰富的成语积累，还能通过努力获取高分，增强自信。

三、案例分享

玩中学　乐中享

都说“兴趣是最好的老师”，那么孩子最大的兴趣是什么？玩！

没错，孩子最大的兴趣就是玩。什么样的游戏能让孩子边玩边学呢？我对此开始探索。功夫不负有心人，我终于研究出适合孩子边玩边学的游戏了。“趣味猜成语”游戏的灵感来自孩子们的摘抄，在“好词”一栏，成语占据着主导地位。我开始思考，孩子的摘抄是不是在被动地完成作业呢？如何才能将孩子的被动学习变为主动学习？能否将孩子的成语积累变成一种游戏呢？于是，“趣味猜成语”游戏应运而生。

一次课间，我先邀请了几个孩子来玩这个游戏。一听说有游戏可玩，孩子们蜂拥而至，都想参与。于是，我请其他孩子先做观众，先观看这几个孩子是怎么玩的。在这一组成功猜出成语之后，孩子们都跃跃欲试。无奈，课间十分钟实在是太短了。我只好利用一个课后的时间，邀请孩子们来游戏。第一回，孩子们玩了两个小时，所有的孩子都玩了好几轮，还进行了小组 PK 赛，看看谁的速度快。游戏结束后，孩子们意犹未尽。

在游戏的难度系数是 1.0 时，有的孩子猜成语的速度很快，因为已经看见了其中的三个字，比较容易推测出这个成语是什么。

“老师，老师，我知道，是‘一诺千金’。”

“我猜到了！是‘诚实守信’！”

“这个我知道，是‘言而有信’。”

……

一个个成语就这样从孩子们的口中蹦出来，孩子们的自我效能感也大大提升了。

当难度系数提升到 2.0 时，孩子们猜成语的速度开始慢下来了，因为需要先把遮住的那个字猜出来，再连成成语。因为孩子们的积累程度不同，随着游戏的进行，个体之间体现出了差异，但这对团结合作的他们没有丝毫影响。

在其中一轮中，小A突然说："老师，这个成语的第一个字是什么呀?"

小B说："我知道有'光明'两个字。"

小C马上接上说："我还看到了一个'落下'的'落'字。"

瞧，这一个个小机灵鬼，见套话不成就开始"爆"他们所知道的字了，显然已经违反了规则，我只能提醒说："不能把自己知道的字告诉别人哦，这样这个成语就不能加分了!"但他们依旧乐呵呵地猜着，仿佛分数不重要，一起猜出成语才是最重要的。

渐渐地，难度系数变成了3.0，孩子们只能看见成语中的三个字了，而且是打乱顺序的三个字，难度加大了很多。尽管如此，孩子们热情依旧。当碰到所有人都猜不出的成语时，他们便会撒娇地说："老师，能不能给点提示呀?"我便会把已知的三个字的顺序告诉他们。那个瞬间，他们就像得到宝藏一样开心，猜得更起劲了。要是碰到最终都猜不出的成语，他们便会探着一个个小脑袋等着我公布答案。

最让我欣喜的是，在得知了答案之后，他们还会追问："老师，这个成语是什么意思啊?"

小D说："让我来猜一猜，我用拆开组词的方法猜测'竭诚相待'，'竭'可以组词'竭力'，老师您讲过是'尽全力'的意思，'诚'可以组词'诚实、诚信'，那么这个成语是说'要尽全力诚实、诚信对待别人'是吗?"

多令人感动啊!这便是我们常说的"润物细无声"吧!

四、游戏感悟

1. 童言稚语

学生A：这个游戏让我在玩耍中积累了很多成语。玩游戏时，就算猜错了也没关系，游戏依旧可以继续。在游戏结束之后，我会很想知道这个成语的意思，回家便翻开我的成语宝典一探究竟。这样，下次再猜这个成语的时候，我就能抢答了!

学生B：通过这个游戏，我才知道原来我的同学都那么厉害，他们知道的成语真多。我今后也要认真积累更多成语，这样以后再玩这样的游戏我也就更自信了!

学生C：我真的好喜欢玩“趣味猜成语”这个游戏呀，我之前背诵的《成语接龙》里面的成语，还帮我获得了不少分呢！

学生D：我要每天都早早完成学习任务，这样我就能和小伙伴在大露台上玩猜成语的游戏了！

2. 家长感言

家长A：一天，孩子回来开心地跟我说，今天在学校玩了“趣味猜成语”的游戏。虽然作为家长的我没有参与，但从孩子回家后滔滔不绝的讲述中，我不仅很快知道了游戏规则，也明白了这个游戏孩子有多喜欢。孩子眉飞色舞地给我介绍谁最搞笑，谁答题最多……虽然他只答对了一题，但他却说收获很多：玩得很嗨，知道了不少他以前不知道的成语，也让他下定决心以后要更认真地去积累更多成语。

家长B：因为孩子在学校玩“趣味猜成语”游戏意犹未尽，我们便利用周末的时间，让孩子约上几个同学到公园草坪一起玩。孩子也从游戏者变成主持人。看到孩子在这个游戏中的雀跃表现，我也感叹孩子的幸福真的很简单。

家长C：这个游戏真好，不仅孩子之间可以玩，家庭成员之间也能玩。游戏开始，妈妈有意将得分的机会让给两个孩子，到后面，发现两个孩子知道的成语越来越多了，妈妈也开始抢答了。

家长D：这个游戏我们全家玩得都很开心。孩子现在喜欢做主持人了，要让我们几个大人来玩，小主持人一本正经的样子真可爱。孩子在主持的过程中不仅积累了成语，锻炼了语言组织能力，还增进了与我们的亲子关系。

绕口令乘公车

珠海市斗门区城南学校　郭吴卿

一、游戏介绍

1. 游戏目标和适用性

这个游戏可以简单理解为是一种正话反说做指令的游戏。游戏的适用场地和适用人群很多，人们可以随时随地组织起来进行。这个游戏主要锻炼参与者的反应能力和随机应变能力，对孩子的身体协调能力有一定的要求。

2. 功能导图

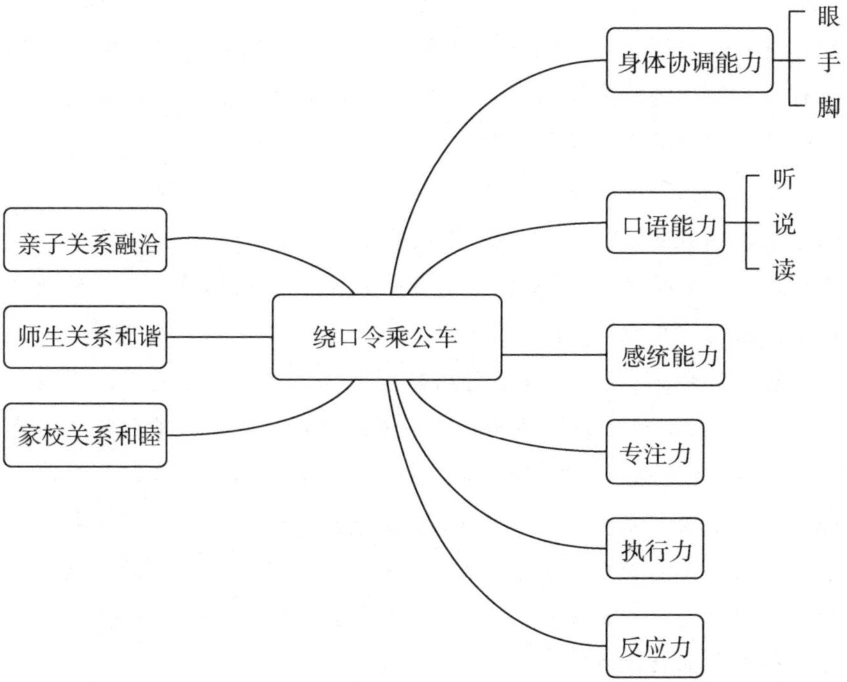

3. 游戏信息表

游戏名称	绕口令乘公车
适合年龄	6～12 岁
游戏参与者	家长和孩子，几个家庭之间
游戏目的	初步培养孩子的身体协调性、反应敏捷性
游戏场地	室内、公园草地等空旷处均可
游戏道具	椅子、纸棒、秒表
游戏时长	10 分钟或 15 分钟
我的评价	☆☆☆☆☆☆☆☆☆☆

4. 游戏规则

（1）邀请一位口齿清楚、普通话标准的同学，有感情地朗读一则绕口令小故事，要求一定要控制好语速。

（2）读下面一段关于站和坐的绕口令，要求参赛者做相反动作，当读到“站”的时候，参赛者都要坐下，读到“坐”的时候，参赛者都要站起来，错两次者就要被淘汰，在游戏结束后接受惩罚。读绕口令的人必须咬字清楚，如果没有在 3 分钟内流利地读完绕口令，也要接受惩罚，如果读完后没有人犯错，则读绕口令的人要接受惩罚。

有一次，小明和妹妹乘坐公共汽车。上车后，小明发现一个空座位，他丢下妹妹赶紧跑过去坐下。这时，走过来一位老奶奶，她扶着扶手，站在小明身边。妹妹对小明说：“哥哥，你看你，你坐着奶奶站着，多不好啊！你赶快站起来，让奶奶坐吧！”小明挨了批评，心里很不高兴，赌气说：“你让我站着，我就偏不站，我要坐嘛！”老奶奶听了笑笑说：“没关系，你坐吧，我不坐。”妹妹站在小明身旁气得噘起了小嘴，说：“你真不懂礼貌，我再也不愿站在你旁边了！”这时，汽车到站了，老奶奶下了车。望着老奶奶远去的身影，小明的心里很不是滋味，他觉得自己错了，情不自禁地站起来，悄悄地离开了那个座位，嘴里自言自语地说：“唉，怎么搞的，坐和站，站和坐，坐坐站站，站站坐坐，坐站坐站，站坐站坐，坐站站坐，站坐坐站，到底是站还是坐，今天我怎么糊涂了！”

（3）每位参赛者后面站一位手持纸棒负责计数的工作人员，参赛者每做错一次工作人员就朝其背上轻轻敲一下。最后，被敲次数最少者获胜。

（4）被敲次数最多的三位参赛者还要回答一个文明礼貌的小问题，如遇回答都正确的情况，回答更完整者才有机会复活并继续参加下一轮游戏。

（5）根据难度系数的不同，游戏的规则也不同：难度系数1.0，要用慢速读故事；难度系数2.0，要用中速读故事；难度系数3.0，要用快速读故事。

（注：朗读故事的人后续可自行调整语速和节奏，可录制玩游戏时的视频，事后通过观看视频进行调整，再进行第二次训练，慢慢就可以掌握规律，减少失误次数和惩罚机会。）

5. 注意事项

（1）读故事的人要注意朗读的语速，每一遍可保持相同的语速，或者每一遍的语速都不同。

（2）轮流念绕口令做动作，注意倾听同伴，以使自己快速接念，避免中断游戏。

（3）在惩罚做错动作的参赛者时，要注意纸棒敲打的力度和方向，避免造成伤害。

（4）同一个绕口令故事的游戏玩腻后，可选取其他类似的绕口令故事或者自行改编绕口令内容，以免参赛者掌握规律后对游戏产生厌倦感。

（5）关于纸棒的制作和椅子的摆放等游戏细节，请孩子主动参与制作和摆放。

（6）游戏时，未参与成员或者裁判员，可以利用秒表帮忙计时，提醒参赛者注意时间，并使他们感悟抽象的时间概念。

（7）每轮游戏结束后，可利用一点时间复盘游戏表现，鼓励各个参赛者根据自己在游戏当中的表现来总结经验。

（8）家长可与孩子共同参与同一轮比赛，体验不同年龄段参赛选手的速度和实力。

二、游戏点评

1. 体现出语言在孩子智能发展中的作用

语言能促进孩子智能的发展。孩子掌握了语言，就掌握了认识事物的工具。语言能促进孩子观察力、想象力、思维力、记忆力的发展。

2. 能使孩子聚精会神，放松心情

午读时间或者午饭后很多人都会犯困，怎样才能让孩子打起精神并提高学习的效率呢？这个简单有趣的“站”和“坐”的绕口令游戏，不仅可以锻炼孩子的反应能力，还能让大家打起十二分的精神来。

3. 锻炼孩子的反应力、行动力

对于活泼好动的孩子来说，这个游戏就是个宝藏游戏。看看谁的反应快，拼拼谁的行动力更强，比赛的结果并不重要。

三、案例分享

越尝试　越幸运

对于孩子的教育，没有人比我们这些做家长的更着急、更重视的了。但我们也知道，孩子一天的大部分时间都在学校，是在各位老师的教导下、陪伴下度过的。而孩子在学校和在家里的表现是不太一致的，我们这些家长有心多了解孩子在学校的表现，却总没机会。这样的亲子小游戏，给了我们一个难得的机会可以深入到孩子的集体生活中，去观察、接触和了解自己的孩子。

在这次游戏中，我们看到孩子们可爱的一面，还有他们展现出来的自尊心、表现欲和对胜利的渴望。他们希望自己能有好的表现给老师和父母看，他们希望得到表扬和礼物，他们希望成为令大家瞩目的人。这些既体现出了孩子们的可爱，也在某种程度上满足了我们家长的“虚荣心”和“自豪感”。

利用周末时间，我们也尝试玩了这个游戏。首先在做纸棒的这个环节就尝试了好几次，虽然家里刚好有塑料材质的加油棒，但我们还是想自己尝试做新的。孩子们想尝试用最轻薄的宣纸做纸棒，但是感觉难度很大，用胶带粘贴怕会漏风，用胶水又怕黏合处烂掉。接着，我们又坐下来思考，看有没有什么其他材质的可以用的东西，塑料袋？卡纸？再次尝试！平时购物用的塑料袋比较软，我们展开一个新的塑料袋，裁剪成想要的尺寸，继续粘贴，问题又出现了，透明胶在手上粘来粘去，就是粘不到塑料袋上，看着逐渐瘪下去的塑料袋，孩子们也无精打采起来。这可怎么办？

家长们也集思广益：不如就用最传统的A4纸吧，将其卷成筒状，即便漏气也还坚挺，里面还可以加一点卡纸做支撑。说干就干，孩子们操作起来，效果果然好多了。

虽然只是一个小游戏，但对于我们家长和孩子来说，这不仅是一次游戏这么简单，最重要的是能增进我们与孩子之间的感情，培养我们与孩子之间的默契。今后我再忙，也要在家多陪孩子玩一些亲子游戏，因为这些对孩子来说都是受益匪浅的。希望学校可以多开展一些这样的益智游戏，使家长有更多的机会与自己的孩子在学校里接触，更加了解孩子，让他们更加健康快乐的成长！

四、游戏感悟

1. 童言稚语

孩子 A：这个游戏很好玩，我对这种考验反应能力的游戏比较好奇。对于这个游戏，虽然只是简单地体验了一下，但过程中需要非常仔细地去辨别“坐”和“站”这两个字的节点。

孩子 B：这个游戏很好玩，爸爸陪我一起玩。在游戏过程中，虽然最后几句“站站坐坐，坐坐站站”我没有反应过来，但还可以再次尝试，下次一定认真玩。

孩子 C：在玩这个游戏的时候，我与其他几个同学 PK 了一下，觉得玩这个游戏不光要动脑筋，还要集中注意力，好几次我都是因为太过紧张而听错了指令。

孩子 D：坐公车这件事在我的生活中再普通不过了，每天我都会坐公车上下学，只是没想到它也可以是一种好玩的游戏，那我肯定要玩个过瘾了。果不其然，一起玩的几个小伙伴全都输给了我！耶！

2. 家长感言

放下手机，相约春暖花开

现在的社会，电子产品泛滥，几乎人手一部手机，就连家里的老人和孩子都沉浸在自己的世界里，对家人的关心和与孩子的互动都少了。

亲子互动游戏，是连接家长与孩子之间情感的一座桥梁，也是一种科学的家庭教育途径，强调父母与孩子在情感沟通的基础上，实现双方互动。亲子活动不仅可以使孩子感受到父母的温情，更可以使家长和老师针对孩子的教育问题进行沟通交流。在深圳这个快节奏的一线城市，让家长与孩子进行亲子互动，不但可以使家长放松心情，还能使其与孩子共同学习、共同进步，使亲子关系向更有利的方向发展。孩子很喜欢“坐公车”的游戏，平时在家的时候也能玩，还可以把全家老少都动员起来。孩子经常和爸爸两个人玩这个游戏，爷爷奶奶看着小孙子不停地一站一坐，每次都笑得直不起腰来。真希望这样的游戏再多一些，也希望这样的亲子时光再多一些、再久一点……

玩儿转沙包

深圳市福田区黄埔学校　郭晏男

一、游戏介绍

1. 游戏目标和适用性

在这个游戏中，制作沙包需要孩子使用各种工具，可以提高孩子们的动手操作能力；玩沙包需要眼、手等各感官的配合，可以提升孩子们的肢体协调能力；无论是制作沙包还是玩沙包，细心和耐心都是必不可少的重要因素，所以也培养了孩子的细心和耐心。游戏不受场地和人员的限制，既可以在家庭成员之间进行，也可以在几个家庭中展开。孩子无论是与同辈较量，还是与长辈比拼，都有益于竞争意识和体育精神的培养。家人的参与，会拉近彼此的距离，改善亲子关系。

2. 功能导图

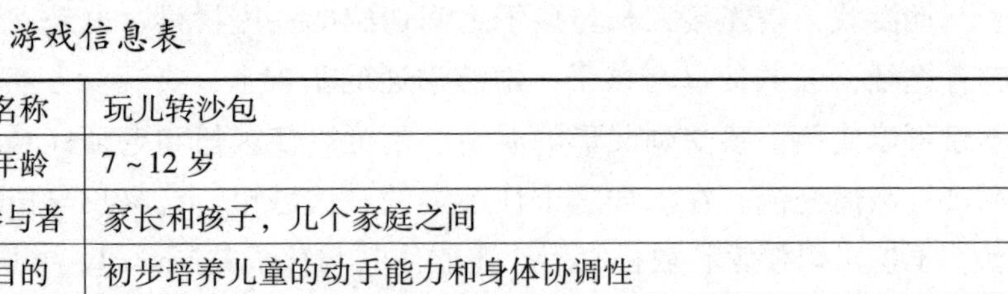

3. 游戏信息表

游戏名称	玩儿转沙包
适合年龄	7～12 岁
游戏参与者	家长和孩子，几个家庭之间
游戏目的	初步培养儿童的动手能力和身体协调性
游戏场地	室内、公园草地等空旷处
游戏道具	父母与孩子共同缝制的沙包一个
游戏时长	10 分钟 +5 分钟
我的评价	☆☆☆☆☆☆☆☆☆☆

4. 游戏准备

（1）准备6片10厘米×10厘米的正方形布条，邀请孩子一同挑选颜色，制作一个沙包。缝制过程中请孩子动手动脑想一想：怎样拼接才能成为一个正方体？也可以先在纸上画一画，拼一拼。

（2）缝制过程中，让孩子观察走线，使用沙漏或者秒表计时，感悟抽象的时间概念。

（3）把提前准备好的绿豆或者黄豆放进缝好的口袋，不能太满或者太空，以2/3为宜，再用针线缝好封口。可以跟孩子比赛，每个家庭成员负责两条边，看谁缝得漂亮整齐。

（4）垂直向上抛沙包，如果十次都能够接住，再练习抛更高的高度，最好每次都能抛过头顶，稳稳落入掌心，熟练后再继续练习其他动作。

5. 游戏规则

（1）边说口诀边抛沙包边做动作。

口诀：一接二抓，三摸耳朵四掐腰，五拍脑袋六背包。（要有节奏感）

（2）两人或多人对决，在相同的时间内，从低到高依次增加难度。完成动作难度大的一方获胜。

（3）根据难度系数的不同，游戏的规则也不同：

难度系数1.0，要求是“一接”“二抓”。“一接”将手中的沙包轻轻抛向空中，掉落时手掌心向上接住沙包。“二抓”将手中的沙包轻轻抛向空中，掉落时手掌心向下抓住沙包。

难度系数2.0，要求是“三摸”“四掐”“五拍”。“三摸”将手中的沙包轻轻抛向空中，掉落前双手马上摸一下耳朵再接住沙包。“四掐”将手中的沙包轻轻抛向空中，掉落前双手快速掐腰然后接住沙包。“五拍”将手中的沙包轻轻抛向空中，掉落前双手拍脑袋一下然后接住沙包。

难度系数3.0，要求是“六背”。“六背”将手中的沙包轻轻抛向空中，高度可以高过头顶一些，位置向身后一些，方便接下来的动作——用后背接住掉落下来的沙包。同时嘴里还要说三个字：六——背——包。沙包稳稳地掉落在后背上者为胜。

（注：可录制玩游戏的视频，事后给孩子看自己的动作，再进行第二次训练。如果已经到了睡觉时间，孩子强烈要求再玩一次的时候，家长可以说：“该睡觉休息了，明天如果你的作业完成得又快又好，我们再来玩儿。”给孩子满满的期待。）

6. 注意事项

（1）使用针线时要格外小心，以免刺伤自己，用完后注意整理收纳。

（2）请家长在孩子制作及游戏的过程中耐心指导，适当夸奖，及时鼓励。

（3）注意游戏时间，睡前不宜进行过于剧烈的运动。

二、游戏点评

每个周末，班上的孩子都奔走在各个辅导班之间，很少有家长能够真正坐下来和孩子好好玩一个亲子游戏，共度一段亲子时光。学业成绩固然重要，但是孩子们的童年不应被各种辅导班占据。课余闲暇，不如通过一些轻松的游戏，让孩子有适当的休息，同时增进亲子关系。

这个游戏不仅能锻炼孩子的动手能力，还能训练孩子的手眼配合能力。最重要的是这个游戏没有场地的限制，沙包可以带在身边，随时可以拿出来玩儿，变换多种花样。此外，这个游戏还可以帮助孩子摆脱手机等电子产品对视力带来的伤害。手机游戏之所以摆脱不掉，其中一个原因是周围的游戏不够吸引孩子，同时家长也没有养成亲子游戏的习惯。

亲子游戏可是与孩子们沟通交流的最好契机啊！何乐而不为呢？可以聊聊他最近交了哪些好朋友，聊聊他最喜欢的一部电影中的人物，聊聊他正在阅读的某一本书……只要家长愿意拿出时间陪伴孩子，我们的亲子游戏时光就是很有意义的，亲子关系也会更加和谐。通过游戏，家长可以更加了解孩子。父母的高质量陪伴、养成的良好习惯，会影响孩子今后的青春期情绪。早一些进行铺垫准备，要比临时抱佛脚来得更加从容。

三、案例分享

周四晚上，两个孩子在聊天，说想玩某款手机游戏。我一听，手机游戏？是谁在引导他们进入这个领域？是哪个同学跟他聊起过这个话题吗？是个别现象还是班上大部分孩子都在玩手机游戏？要不要跟班主任了解一下情况？到底该如何是好呢？

于是我就想到了学校老师推荐的这个沙包游戏。一开始两个孩子还有些犹豫，我马上说：“获胜者可以得到一分钟的手机游戏时间。”妈妈在旁边补充道：“行动最快者优先获得一分钟手机游戏时间哦！”随后便一拍即合，我们一家四口分工合作，很快就备齐了需要的工具。

说做就做，我们按照游戏规则先熟悉流程。紧接着，开始缝制沙包，我们准备缝制两个沙包，姐姐妹妹各一个，我和妈妈每人负责手把手教会一个孩子。我们提醒孩子：在缝布条时注意安全，别让针伤害到自己；一定要耐心，一针一线都要看准再下手，否则最后的效果会参差不齐，豆子也会漏出来，那样的话游戏就变成捡豆子了。

我们担心的情况还是发生了，满地找豆子的那一瞬间让大家捧腹大笑。于是亡羊补牢，我们又抓紧把剩下的豆子塞进布袋，让针线牢牢锁住它们。

姐妹俩选择的都是用充满春天气息的布料做成的沙包，象征着春意盎然、春回大地。姐姐说："一年之计在于春，下次我们去公园时要带上这个沙包。"妹妹说："我的沙包叫'春姑娘'，春天来了，春暖花开，我要带着它去郊游啦!"

孩子们早已被手中的沙包分散了注意力，再也不想玩儿爸爸妈妈的手机了。此时，作为家长我们已经用自己的陪伴与尊重和孩子们建立起了情感联系，他们会和我们聊更多班级里、学校里发生的事情。了解了孩子的想法，抓住了他们的思想动向，就不难发现孩子的问题了，如此才能有的放矢，才能药到病除。

四、游戏感悟

1. 童言稚语

原来沙包还可以自己动手做，爸爸妈妈也参与进来跟我们一起缝制沙包，一家四口其乐融融，特别温馨有趣。这个游戏让爸爸妈妈从繁忙的工作和家务中脱离出来，多了一些和我们姐妹交流的时间，我和妹妹也不再缠着父母要手机玩了。妹妹的沙包虽然缝得不那么美观，但这是她自己努力缝制的，她很有成就感。我的好伙伴也学会了缝制沙包，我们经常一起比谁的沙包更好看，谁的沙包针脚更细密，谁的沙包能丢得更远。看到他们玩儿沙包，我很开心，因为是我把这个游戏教给他们的。

2. 家长感言

改善，而不是完美

与孩子玩丢沙包这个游戏，让我瞬间回到童年，重温了童年的快乐，也让我重拾女红，拿起针线，将爱和快乐一针针缝进沙包里。

用心的陪伴，使我们的亲子关系更融洽了，孩子们知道父母是关心他们、爱他们的。我们大人也许不完美，但是每一次陪伴都是增进亲子关系的机会；

每一次陪伴，都能帮我解决与孩子之间的沟通障碍，游戏中我们谈天说地，边玩儿边笑，搂搂抱抱，肢体的接触让我们的关系更亲密，彼此更信任、更关爱对方。

贴纸认数

深圳市福田区黄埔学校　许江瑞

一、游戏介绍

1. 游戏目标和适用性

这个游戏适用于有一、二年级孩子的家庭。游戏设计采用体育 + 智育的组合形式，突破一、二年级数学学习中不同数位上的数字表示不同的值的学习难点，有助于孩子积累数学活动经验与体能训练经验。生动有趣的活动，可以助力家长帮助孩子更好地完成从幼儿园到小学阶段学习的过渡。

2. 功能导图

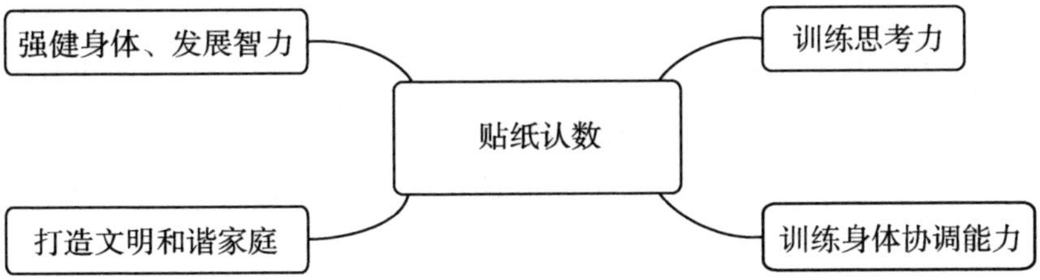

3. 游戏信息表

游戏名称	贴纸认数
适合年龄	6 ~ 7 岁
游戏参与者	孩子和孩子，几个家庭之间
游戏目的	家庭益智类游戏，强身与健脑相结合，打造文明和谐的家庭
游戏场地	家庭成员活动之地
游戏道具	贴纸
游戏时长	5 ~ 10 分钟
我的评价	☆☆☆☆☆☆☆☆☆☆

4. 游戏准备

（1）准备贴纸数枚，大小要适合贴在手指上。让孩子挑选他们喜欢的贴纸图案，并说出喜欢的理由。

（2）观看踮脚甩手视频，学习标准的热身动作，树立科学运动的意识。

5. 游戏规则

游戏人数：两人。

（1）游戏热身规则。

①室内热身规则：双方的双手分别拿着贴纸，做踮脚甩手动作，呼喊游戏口号："贴纸飞上手，计数我来瞅。"说一个字踮脚甩手一次，双手甩过头，共计 10 次。

②室外热身规则：双方的双手分别拿着贴纸，双脚做弹跳甩手动作，呼喊游戏口号："贴纸飞上手，计数我来瞅。"说一个字弹跳甩手一次，双手甩过头，共计 10 次。

（2）正式游戏规则。

左手的食指表示个位，中指表示十位，无名指表示百位（一年级学生认识到百位）。

第一关：家长（或较大的孩子）在代表三个数位的手指上贴上贴纸，孩子看贴纸读数，如在食指上贴两张贴纸，代表个位上的数是 2。

第二关：家长（或较大的孩子）说数，孩子在代表三个数位的手指上贴上相应数量的贴纸表示此数。

第三关：家长（或较大的孩子）给孩子一定数量的贴纸，孩子把贴纸贴在手指上，鼓励孩子尽可能展示出全部的数。（比如把一张贴纸分别贴在个位、十位、百位上，代表不同的数）

回答正确得一分，错误扣一分，答案不完整的按错误计分。游戏得分累计，每一分可兑换人民币 1 角，累计 100 分可兑换现金一次。

（3）根据难度系数的不同，游戏的规则也不同：

难度系数 1.0，使用 10 张贴纸。第三关时给孩子 1 ~ 2 张贴纸。

难度系数 2.0，使用 20 张贴纸。第三关时给孩子 3 ~ 4 张贴纸。

难度系数 3.0，使用 27 张贴纸。第三关时给孩子 5 ~ 6 张贴纸。

6. 注意事项

（1）游戏在室内进行时，热身踮脚甩手动作要规范，可观看教学视频，明确游戏规则。呼喊口号时要用最大的力气发出最小的声音，锻炼肺活量，愉悦自己的同时切勿打扰到邻居，做个高素质的公民。

（2）贴纸每次用完注意整理收纳，尽可能重复利用。

（3）游戏过程中家长要耐心指导，适当夸奖，不能打击孩子。

（4）游戏过程中注意引导孩子总结读数规则和用贴纸表示数的规律。

（5）贴过贴纸的手要清洗彻底。如何去除贴纸留下的黏黏的东西？妙招一：用纸巾蘸一些酒精擦拭。妙招二：把护手霜挤在上面，慢慢地用大拇指搓，就能把黏的残胶都搓下来。

二、游戏点评

当下数学教学的游戏化改革试验如火如荼，老师们开发出很多学生喜闻乐见的数学游戏，但是这些游戏基本上是“嗨”在课堂，止步于家庭。

而在家庭中，只要提到游戏，电子游戏就像洪水猛兽般让家长不寒而栗。很多家长为了阻止孩子打电子游戏费尽心机，孩子为争取到打电子游戏的机会也是竭尽所能，家长与孩子为此斗智斗勇，上演36计。如何让此游戏侵占电子游戏一些阵地呢？把课堂游戏转化为家庭游戏责无旁贷，我就迈出这一步吧！

此游戏加入了热身环节，取“热身”有两个含义：既是游戏本身的准备阶段，又是真正的热身运动，体育＋智育，智体融合，这种做法从反馈信息来看学生和家长都很喜欢。

纵观古今中外，益智类游戏从不缺席，各种棋类游戏和风靡全球的24点、数独等，都拥有大量拥趸，希望我们也能开发出这样的游戏，丰富孩子的生活。

三、案例分享

游戏带来的温暖时光

今天去接一年级的大女儿放学，一见到我她就兴奋地说：“妈妈，妈妈，今天数学老师教我们玩了一个数学游戏，可好玩啦！‘贴纸飞上手，计数我来瞅。贴纸跳，新数到！把贴纸贴在手上，就能表示数，你出，我来读！’妈妈，回家我们就开始玩吧！”“妹妹，你先跟姐姐学游戏口号！”天呀，一口气说了这么多话，愣是没停一下！路上姐姐不厌其烦地教，上中班的妹妹摇头晃脑地学，姐妹俩玩得不亦乐乎！

数学游戏？我经常带着两个孩子看书、做手工、玩华容道，未来想拓展到24点、数独，今天数学老师教的什么游戏呢，把孩子迷成这样，我就接受挑战吧！

一到家，“妈妈，我去拿贴纸！”“来，你拿着！我们先热身，先练踮脚甩手功！说口号：贴纸飞上手，计数我来瞅。说一个字踮脚甩手一次，双手甩过头，做10次，用力要大，声音要小，不要扰民。预备开始！”我跟着姐姐做，妹妹也在旁边凑热闹。

“妈妈，左手的这三个手指代表计数器上的数位，食指表示个位，中指表示十位，无名指表示百位，你把贴纸贴上去，就代表一个数。你出，我来读！”哦，我瞬间明白了这个游戏怎么玩，这个难不倒我，我知道女儿刚认识百位，学的都是百以内的数，于是我出的也都是百以内的数：“71，17，20，100，33……”这个难不倒女儿。

“妈妈，进入第二关吧，你说数，我在手上贴。”女儿迫不及待地说。

“60，90，35，24，42……”女儿又轻松过关，捏着贴纸的小手转来扭去，像一朵花，手巧心就会灵呀！

“妈妈，咱们继续闯第三关吧！”“姐姐好厉害呀！”妹妹在旁边蹦着给姐姐鼓掌！

“你先给我一张贴纸，看看我能摆出几个数。”女儿对我说道。我给了她一张贴纸，她先贴在食指上，代表“1”，又贴在中指上，代表“10”，再贴到无名指上，代表“100”。“妈妈，同一张贴纸放在不同的数位上，表示的数就变啦，1，10，100！”妹妹抢过一张贴纸：“1，跳一跳，变成10。哈哈，我也会玩！”

“给你两张贴纸，试一试！”女儿充满信心，投入“战斗”。

“2，20，200，110，妈妈，这个数怎么读呀？”

“你试着读读看！”

“一一十，一百十，是一百一十。哦，我学会了！”

“我也学会啦！”妹妹在旁边也跟着开心地跳跃起来。

“你们娘儿仨在玩什么呢，这么投入！”

“爸爸回来啦！姐姐老师教了他们一个数学游戏，姐姐和妈妈在玩，我在看，姐姐好棒，闯到第三关啦！”妹妹一下扑到爸爸怀里。

“爸爸陪你玩，好不好？”

“好，我也学会啦！”

我一脸幸福地看着孩子们，我爱我的家！

四、游戏感悟

1. 童言稚语

学生 A：我想把游戏名称改得更有趣！

学生 B：游戏名称中没有提到手指呀！

学生 C：哈哈，我的手指变成计数器啦！

学生 D：贴纸可以贴在手指的正、反两面，都可以表示数！

学生 E：我想多用点贴纸，摆好大好大的数！99999……

学生 F：我用两张贴纸摆出了 200，20，2，110，11，101 六个数！我还想试试 3 张贴纸能摆几个数。

学生 G：贴纸有点黏，我要把它洗干净！小手要洗得干干净净！

学生 H：我总是自己玩，其实我很想和妈妈一起玩，可妈妈没有时间陪我玩，每天回家都很晚……

2. 家长感言

家长 A：我也玩数学游戏了，以前上学时我最怕学数学啦！为了孩子，学起来……

家长 B：我都没想到用两张贴纸摆出 200，孩子才学到 100 呀，竟然摆出 200 啦！

家长 C：孩子摆出 110，不会读，自己发明了好几种读法，一一十、一百十，最后终于读出了一百一十。

家长 D：用贴纸摆数，没学到的数孩子不仅能摆出来，还会读了，真是太棒了！

家长 E：以前很少和孩子在一起做数学游戏，“贴纸认数”游戏既动手又动脑，还培养了学生的表达能力，真好！

情感力培养篇

彩虹桥

深圳市福田外国语学校（香蜜）　罗曦

一、游戏介绍

1. 游戏目标和适用性

这个游戏可以在父母和孩子之间进行，在家里、在户外均可。家长与孩子一起动手，制作出“彩虹桥”，用不同颜色的卡纸表示自己的不同情绪，在交换卡片的过程中释放自己的情绪，家长也在游戏中正面引导孩子接纳自己的不良情绪，并尝试达到逐步管理自己情绪的目的。这样通过游戏的方式进行平等沟通和交流，趣味性强，引导孩子悦纳自己，孩子不仅更容易接受，还能增进亲子关系。

2. 功能导图

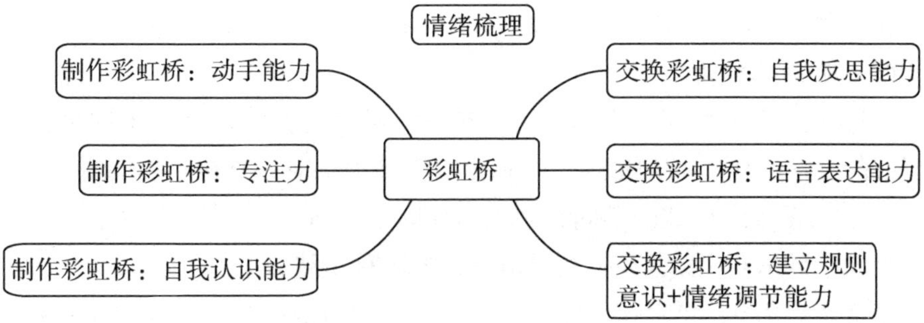

3. 游戏信息表

游戏名称	彩虹桥
适合年龄	7 ~ 12 岁
游戏参与者	家长和孩子
游戏目的	梳理情绪，认识烦恼和有效沟通
游戏场地	室内等较为安静处
游戏道具	白色卡纸、水彩笔、剪刀、彩色卡纸
游戏时长	自由掌握，可长可短
我的评价	☆☆☆☆☆☆☆☆☆☆

4. 游戏规则

（1）制作彩虹桥。

①准备若干张白色卡纸、彩色卡纸、剪刀和各种颜色的水彩笔。

②孩子和家长分别用白色卡纸剪出大小不同的圆形，用彩色卡纸剪出一个彩虹桥。

③用不同颜色的水彩笔给圆形白色卡纸涂上不同的颜色（只涂一面）。可以根据不同的情绪在不同颜色的圆形卡片上画上自己的表情，在圆形卡另一面写上自己的不同情绪（喜爱、快乐、愉悦、惊喜、愤怒、悲伤、恐惧、怨恨、压力、羞耻等）。

④把制作好的这些代表着不同情绪的圆形卡片贴在彩虹桥上。

（2）交换彩虹桥。

父母和孩子互换自己的彩虹桥，互相诉说自己在生活中的不同情绪，以及当时的身体反应、心理感受，互相出谋划策帮助对方克服不良情绪。

（3）根据难度系数的不同，游戏的规则也不同：

难度系数 1.0，要求孩子能说出自己的 3 种情绪；

难度系数 2.0，要求孩子能说出自己的 5 种情绪，并能区分积极情绪和消极情绪；

难度系数 3.0，要求孩子能说出自己的 5 种以上的情绪，能区分积极情绪和消极情绪，能感受到不同情绪给自己身体带来的不同反应，能积极面对消极情绪。

5. 注意事项

（1）正确使用剪刀避免受伤。

（2）在游戏过程中，营造轻松愉悦的氛围，可以播放一些旋律缓和悠扬的音乐。

（3）耐心和孩子沟通，帮助他们认识到自己的需求和情绪，并给予适当的支持，慢慢提高孩子的情绪管理能力。

二、游戏点评

情绪会影响人们的个性发展，影响人们对自我的认识和评价，还会影响人们的认知思维水平。从认知的角度来看，情绪是个体对环境事件、生理状态是否满足自身需要的认知评价结果，本身并无好坏之分，但其诱发的心理体验和行为反应往往不受主体支配和控制，由此导致的结果则有着明显的好坏与优劣之分。儿童的情绪认知能力（如对情绪状态的识别能力、对情绪表达的理解能力以及对情绪产生的因果推理能力）处于平缓而渐进的发展阶段，不同方面的发展不够均衡，尚未达到成熟水平。因此，对儿童的情绪引导就显得尤为必要。

作为家长，我们要学会情绪管理“四部曲”，即识别情绪、命名情绪、接纳情绪、调整情绪，学会和孩子平等沟通，深入了解孩子发脾气、闹情绪的原因，再去引导孩子一起按照情绪管理的方法去管理情绪。

这个游戏具有以下特点：

1. 引导孩子了解随着活动与情境的不同，人会产生不同的情绪，我们需要学会调控自己的情绪。

2. 引导孩子在活动中体验不同的情绪，学会甄别积极情绪与消极情绪，接纳自己暂时的消极情绪，与他人分享自己的积极情绪。

3. 引导孩子学会合理表达自己的情绪，掌握调节消极情绪的方法，如心理暗示、合理宣泄、寻求支持和目标转移等。

三、案例分享

小小彩虹桥　浓浓亲子情

都说家长是孩子的一面镜子，家长们的表情和动作，孩子都会在日常生活中模仿学习。所以，在我们要求孩子做好情绪管理之前，首先得管理好自己的情绪。假期，孩子跟我们的相处时间多了，我希望孩子养成良好的生活习惯和学习习惯，而孩子的言行却总是和我的初衷背道而驰。我们和孩子的摩擦越来越多，大家都很容易出现情绪波动。做家长的，经常会出现失望和生气的情绪，而孩子面对我们严苛的要求，也觉得父母不懂自己，觉得委屈。

在这种情况下，我想到了怎样管理自己的情绪这个主题，想到了彩虹桥这个亲子游戏，旨在指导孩子怎样应对不同的情绪，找到调节情绪的妙方，学会笑对人生。

说玩就玩，我和孩子一起找来了若干张白色卡纸、彩色卡纸，还有剪刀和各种颜色的水彩笔。为了营造氛围，我还播放了孩子最熟悉的钢琴曲，悠扬的旋律为我们营造了轻松愉悦的氛围。

半个小时过去了，我们的彩虹桥上挂满了大大小小、不同颜色的圆形卡片。然后，我们开始向对方讲述自己的不同情绪。通过和孩子的平等对话，我开始慢慢走进孩子的内心世界，见到了一个不一样的孩子。

什么是担心？——孩子说，夜深人静时，妈妈去上班很久没有回来，怕妈妈路上遇到危险，会担心。

什么是安心？——我很早就把作业做完了，爸爸会安心。如果我自己一个人去游泳，爸爸不安心。

什么是孤单？——爸爸去上班了，只有我一个人，会孤单。爸爸回来了，陪我去游泳，不会孤单。

什么是惊喜？——我过生日了，爸爸妈妈送给我最喜爱的乐高玩具，我高兴得一蹦三尺高。

……

孩子的需要其实很简单，我们可以做的还有很多。平时我们忙于工作，陪伴孩子的时间本就不多，当我们知道孩子的懂事和需求之后，我们就可以和孩子建立深度的联结，走进彼此的心里。

四、游戏感悟

1. 童言稚语

学生 A：这个游戏让我发现，原来爸爸妈妈在生活中承受了比我们更大更多的压力和烦恼。以前，总是觉得他们高高在上，喜欢命令我做这做那，很多时候都不问问我自己的真实想法，总是强压我们。久而久之，我自然不愿意对他们说自己的心里话了，对他们的命令也采取消极抵抗的政策。同时，我们面对自己的不良情绪，也不知道怎么办。

学生 B：这个美丽的彩虹桥，不仅让我学会了识别情绪、命名情绪、接纳情绪、调整情绪，更重要的是拉近了我和爸爸妈妈之间的距离，学会了怎样调控自己的不良情绪。

学生 C：我把彩虹桥贴在了家里的墙壁上，以后有情绪出现时，我就会记录下来并贴在彩虹桥上，让自己更乐观、更开心地生活。

2. 家长感言

彩虹桥飞架你我 天堑变通途

这个彩虹桥的亲子游戏，就是帮助大家认识和处理情绪的方法。情绪人人有，时时有，我们要学会认识、接纳、包容和理解它。孩子们在游戏的过程当中，也和爸爸妈妈一起学习了如何对情绪进行理解和表达。同时，我们也引导孩子在面对不良情绪时，要积极乐观地应对。

在孩子描述自己的情绪时，我的眼前浮现了生活中简单而日常的场景，但就是在这些普通的小事里，有孩子的需要和渴望。“爸爸回来我就不孤单”“关灯我会害怕”……也许我们认为应该从小培养孩子的良好习惯和优良品质，但在孩子最需要我们的时候，我们应该放下威严，给予他们更多的关爱，帮助孩子更好地成长。同时，我也向孩子描述了我的各种情绪，孩子也理解了父母的艰辛和不易。随着这种良性亲子沟通的深入，我和孩子卸下了角色包袱，打通了心里的防御墙，互相了解彼此，亲子关系也变得更加和谐亲密了。

泡泡糖

深圳市福田区福强小学　王若楠

一、游戏介绍

1. 游戏目标和适用性

这个游戏可以在学校开展，也可以在家庭开展，游戏场地要尽量选择较宽阔的区域。这个游戏的目的在于提高学生的反应能力，增进同学间、亲子间的关系。这个游戏非常适合在班集体建立初期开展，不仅可以帮助同学之间的关系破冰，还能使家长相互认识，拉近彼此之间的距离，提升班级凝聚力。

2. 功能导图

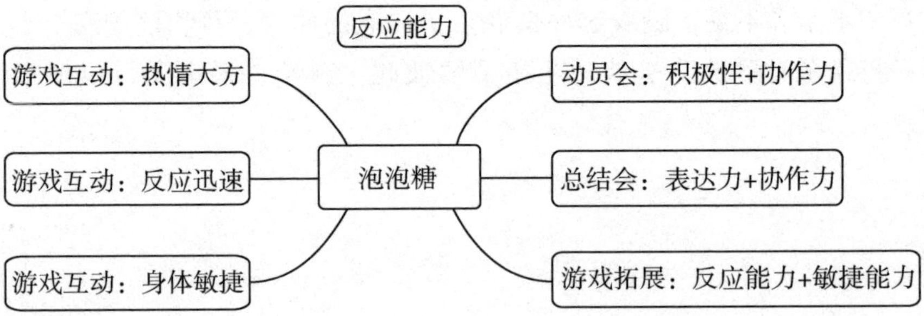

3. 游戏信息表

游戏名称	泡泡糖
适用学员	6 岁及以上
游戏参与者	同学间，亲子间
游戏目的	提高孩子的反应能力，增进参与者之间的亲密关系
游戏场地	空旷、平坦的场地
游戏用具	话筒、音响
游戏时长	5～10 分钟
我的评价	☆☆☆☆☆☆☆☆☆☆

4. 游戏规则

（1）如果场地足够大，参赛人员可选 17 人或 19 人，甚至更多，但是最好不要选公约数多的，如 12、18、24 之类的。

（2）参与游戏的伙伴站成一排，全场所有的观众需一同参与。

（3）当主持人喊出口号："泡泡糖啊！"所有参与者齐答："粘哪里啊？"主持人说一个身体部位，如"粘胳膊啊"，这时参与者赶紧拉上旁边人的胳膊。接着观众或者参与者问："粘几个呀？"主持人看情况回答，如答："粘 3 个呀！"以 17 人参加游戏为例，粘 3 个，即每 3 人胳膊拉在一起，这样就要淘汰 2 人，剩下的人接着玩，直到最后留下三四个人为最后的冠军。

5. 注意事项

（1）提醒孩子在游戏过程中注意安全，在奔跑时减少碰撞。

（2）帮助孩子调整情绪，避免发生争执。

（3）主持人要公平公正，口令清晰，语速适度。

（4）教师可以利用班会时间向学生介绍游戏规则，也可以通过视频形式让大家更加直观地感受和了解。

二、游戏点评

现在的学生大多是独生子女，自主意识非常强，尤其在城市中，学生不仅学业压力重，周末还要奔走于各个培训班，家长们大部分也是工作繁忙，这就导致学生与父母相处的时间很少。所以，我设计了"泡泡糖"这个小游戏，让学生们有时间和空间去和父母、同学培养感情。这个小游戏有以下的优点：

1. 简单易玩，增进感情

"泡泡糖"这个小游戏，玩起来非常简单方便。我们在班级建立之初，便可以带领学生们玩。现在越来越多的学生，由于性格内向，或者在家庭中缺少陪伴，会有轻微的社交障碍，不喜欢与人接触。这个游戏通过同学间一些肢体上的小互动，让学生之间在欢乐的游戏中碰撞出火花，打开彼此的心扉，拉近彼此的距离。

2. 增强学生遵守规则的意识

在新的班集体，尤其是小学的班集体建立初期，学生们并不能很好地遵守学校或班级的规章制度。这时候，我们就可以通过令人轻松愉悦的"泡泡糖"游戏，让孩子懂得遵守规则，并养成遵守规则的好习惯。

3. 让学生学会友好互助，感悟人生道理

实践出真知。与其单纯地说教让学生们互相帮助，不如在游戏的过程中不断向他们渗透互相帮助、友好相处等思想，并通过游戏向他们传递更多的人生道理。

三、案例分享

游戏拉近了我和孩子之间的距离

周五晚上回到家，习惯性地先去看孩子是否睡着了，我轻轻地推开门，发现她正皱着眉头看天花板。当我过去问她是否有什么心事时，她一如既往地和我说没什么，要睡了。随着孩子的长大，我发现我与她之间的沟通越来越少，她开始向我们隐藏自己的情绪。作为母亲，我很担心孩子的成长，更不想与孩子的关系变得这么疏远。

幸运的是，周末我们收到了老师的通知，说是安排了一次“泡泡糖”的亲子活动。借此机会，我和孩子从活动前几天就开始商量怎么玩这个游戏。晚上，我尽量早点回家，想借着游戏的名义和孩子多聊聊天，同样，她也在等着我，所以活动开始前几天的晚上，房间充满了我们讨论时的欢声笑语。我还给她提前普及安全知识，引导她注意游戏中可能出现的危险和问题，如可能会和同学之间有碰撞，可能会因为动作不够快而找不到同学一起玩，还可能会因为太着急、没弄清楚规则而输掉比赛等，但是这些都没关系，游戏中开心最重要。

终于等来了游戏的那一天。我和孩子都非常快地进入了游戏状态。通过这次活动，我发现孩子和我更加亲近了，这几天她和我说了很多，原来她之所以经常闷闷不乐，是因为我一直没抽出时间来陪她。

经过这次活动，我发现孩子的成长真的离不开父母的陪伴和引导。很多时候，孩子之所以变得闷闷不乐，很有可能是因为感觉父母对他们的关注不够。遇到这种情况，我们可以尝试通过亲子游戏来拉近和孩子之间的距离，或者帮助她增进和同学之间的感情，引导她学会遵守规则，学会与别人相处。

四、游戏感悟

1. 童言稚语

学生 A：我们现在到了四年级，感觉做游戏的时间越来越少了，上一次还是在教室里击鼓传花。在我们的央求下，老师终于同意带我们到操场上玩“泡泡糖”了，记得第一次玩还是在一年级的时候，但是现在玩起来仍然觉得很有趣。

学生 B：我觉得游戏时同学们太吵了，特别是旁边还有一些同学大喊大叫，导致我听不清楚老师的口令被淘汰了，好郁闷。

学生 C：真希望老师能多带我们做做游戏，放松一下，虽然是小时候玩过的简单的“泡泡糖”，但和大家一起玩就很开心，大家都不想被淘汰，竖着耳朵听口令，实在是太考验我们的反应能力了。

2. 家长感言

家长 A：沉重的学习生活，加上一个接一个的补习班，让孩子们在一起玩耍的时间，以及与父母在一起的时间少之又少。这个游戏通过参与者之间肢体的互动等方式，为孩子们提供了一个一起玩耍的机会。游戏规则的存在，再加上家长和老师的引导，让孩子学会在与他人交往的过程中要谦让、包容，同时也要学会主动争取。另外，这个游戏还给了我们做父母的一个机会，让我们和孩子一起度过了一段美好的时光。看着她在游戏过程中玩得不亦乐乎，我自己仿佛也回到了童年，重温了童年的快乐。最重要的是，这种活动增进了我和孩子之间的感情，让我走进了孩子的心里，了解了她的想法，弥补了我之前因为太忙没时间陪伴她的遗憾。

家长 B：这个游戏不仅有趣好玩，锻炼了孩子的身体，还教会了我和孩子平时交往的方式。现在只要一有空闲的时间，我们就约上同学一起玩。

三打白骨精

深圳市福田区园岭教育集团园岭实验小学　罗秋萍

一、游戏介绍

1. 游戏目标和适用性

这个游戏适合小学生在课余时间进行，能够锻炼学生的身体协调能力、思维反应能力，并能发展与其他同学之间的友谊，同时让学生明白合作的重要性，提升班级的凝聚力，让学生的身心发展更加和谐。

2. 功能导图

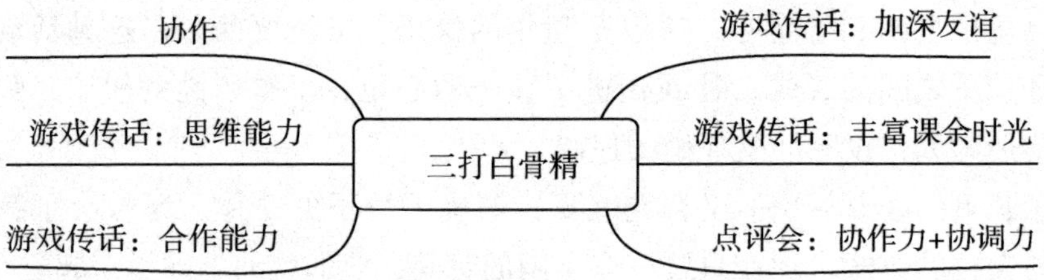

3. 游戏信息表

游戏名称	三打白骨精
适合年龄	6 ~ 12 岁
游戏参与者	两个或者两个以上的学生
游戏目的	提高学生身体的协调性，促进学生间建立和谐融洽的关系
游戏场地	室外空旷的场地
游戏道具	无
游戏时长	20 ~ 30 分钟
我的评价	☆☆☆☆☆☆☆☆☆☆

4. 游戏规则

（1）赛前学生先背靠背做好准备。游戏开始后一块喊：“孙悟空三打白骨精！”同时双足向同侧齐跳三下，注意在喊到最后一个“精”字时，必须同时向前跳一步并做180度跳，落地时还要做出一个造型动作。

造型动作有三种：

第一种，抬起左膝，右手反掌心在额前做搭凉棚状，同时左臂微屈勾拳为孙悟空。

第二种，双手叉腰，两腿岔开为白骨精。

第三种，双手合掌于胸前为唐僧。

这三个人物的制约关系：孙悟空胜白骨精，白骨精胜唐僧，唐僧胜孙悟空。如果参赛学生做出的造型相同，则重来一次，方法同前。学生做出的造型之间一旦建立了制约关系，被制约的一方就要给制约方一个拥抱。

（2）根据难度系数的不同，游戏的规则也不同：

难度系数1.0，三个人一起玩。这个时候可能会有两个相同的造型动作出现。如果相同动作的这两个人赢过另外一个人，则赢的这两个人继续比，输的人拥抱赢的人并退出比赛，然后给继续比赛的人加油。如果出现三个人的动作都不相同，则需重来。

难度系数2.0，四个人一起玩。规则跟三个人比赛的规则类似，赢的继续比赛，输的人拥抱赢的人退出比赛，并给继续比赛的人加油。

难度系数3.0，更多人一起玩。多人玩的过程会比人少的时候更复杂，但是学生们两两十指紧扣围成大圈后会更热闹，也会更兴奋、更开心，也在无形中提升了班级的凝聚力。

5. 注意事项

（1）游戏过程中孙悟空是单脚站立，需要提醒学生注意保持身体的平衡。

（2）利用课堂时间给学生详细讲解游戏规则，游戏前须让所有孩子理解游戏规则，进而保证游戏安全有序地进行。

二、游戏点评

1. 锻炼学生的思维能力

学生们在玩的过程中需要不断思考对方接下来会做出哪个动作，自己需要做出哪个动作，从而锻炼了学生的思维能力。

2. 提高学生的肢体配合能力

游戏里面的每个造型动作都需要学生肢体配合才能完成，特别是孙悟空单脚站立的动作，既提高了学生的身体协调能力，同时还起到了锻炼学生身体、增强学生体质的作用。

3. 没有场地的限制，且不需要游戏道具

玩这个游戏不需要任何道具，所以学生们随时随地都可以玩，非常方便。

4. 加深了同学之间、同学与老师之间的情谊

玩这个游戏需要两个或者两个以上的人才可以。课间同学们一起玩游戏能够加深彼此之间的情谊，学生和老师一起玩游戏也能在很大程度上加深师生之间的情谊，所以说这个游戏能够提升班集体的凝聚力。

三、案例分享

让游戏丰富孩子们的童年时光

每周三下午最后一节课是我们学校统一安排的体活课，我带着背着书包的孩子们来到操场，但孩子们不知道玩什么，于是很多孩子打开书包拿出作业各自趴在台阶上写起了作业。针对这种情况我开始思考：孩子们的体质太差了，平时动不动就生病请假。班级里还普遍存在以自我为中心，动不动就指责和投诉别的同学的情况。所以，我需要一个既能锻炼孩子们的身体，又能促进他们之间关系和谐，还能让孩子们在课间十分钟也能轻松玩起来的游戏，于是想到了“三打白骨精”的游戏。

游戏开始前，我先跟孩子们详细讲解了“三打白骨精”的游戏规则，让他们充分理解了游戏规则。前几个回合是我带着孩子们一起玩的，当他们玩熟了后，越来越多的孩子开始玩起来。我也不停地鼓励活泼外向的孩子带动班级里面的其他孩子一起玩这个游戏。

接下来“三打白骨精”成为我们班的课间游戏项目。一到课间，孩子们就三五成群地、愉快地玩起了“三打白骨精”的游戏。看到孩子们在游戏中一张张兴奋的笑脸和一阵阵欢乐的笑声，我深深感受到这个游戏不仅让孩子们收获了快乐，也让他们收获了友情，丰富了他们的童年生活。

四、游戏感悟

1. 童言稚语

学生 A：“三打白骨精”的游戏很有趣，能够让我们在玩耍中获得快乐、促进友谊。所有同学一起参与，不仅锻炼了我们身体的跳跃能力和腿部机能，还增强了我们头脑的应变能力和反应机能。游戏还让大家明白了输赢不重要，

同学们在一起开心快乐才是最重要的。

学生 B：“三打白骨精”的游戏让我明白了以下两点：一物降一物，再厉害的人也有人能制约你；必须团结合作才能玩好这个游戏，做事情也一样，我们只有团结合作，才能把事情做好。

学生 C：感谢老师给我们创造了体验游戏的机会。“三打白骨精”游戏让我真切地感受到了合作的重要性。让我明白了，在今后的生活中，在与朋友、老师、亲人的相处中，应该多沟通，理解对方所想，不能不顾他人想法，不能自己想做什么就做什么，要多考虑别人的想法和感受，这样生活才会变得和谐，人际关系才会更好，心情也才会更舒畅。我喜欢这样的游戏，以后若是再有这样的游戏，我还会积极参加，不断地提高自己。

2. 家长感言

家长 A：孩子特别喜欢玩“三打白骨精”的游戏。他告诉我，在玩游戏的过程中，一起玩的同学好像有一股气连着，彼此传递着快乐与信任。这个游戏让他知道快乐很简单，并不是只有赢得游戏才会快乐。他说当他输了后，剩下的两个同学比赛时，他还是会尽力给他们呐喊加油。同学和朋友热情灿烂的笑脸，还有因为玩游戏流的汗水，都给了他很开心的感觉！这是种相互感染的快乐。他说：“开心就是我们在一起敞开心扉，一起玩游戏，不争胜负，只在乎这个过程。”本来，孩子的性格偏内向和羞涩，也不是很擅长表达，但是这样的游戏互动正让他向着阳光男孩转变。作为家长的我，看到这种转变比他考一百分还高兴！感谢老师让孩子们拥有这么美好的体验。

家长 B：“三打白骨精”的游戏趣味性强，可操作性强，互动性强。参与游戏的人数、年龄、性别等不受限制，既能提高孩子的应变能力和协调能力，还能锻炼孩子的平衡能力。孩子把课间游戏带回家教家人玩，家长和孩子一起游戏一起欢笑，加强了亲子之间的沟通，促进了亲子关系的和谐。

贪吃蛇

深圳市福田区全海小学　陶卓娅

一、游戏介绍

1. 游戏目标和适用性

这个游戏适合在班级全体学生或是年级之间进行，能够提升学生的团队协作、决策能力，以及沟通能力，让学生学会服从团队的分工与协调，听从指挥。这个游戏还适用于新学期开始或学期中，可以帮助班集体形成热烈的团队氛围，让同学关系、师生关系更加亲密，让学生在游戏中体会到团队协作的重要性，提升班级向心力和凝聚力。

2. 功能导图

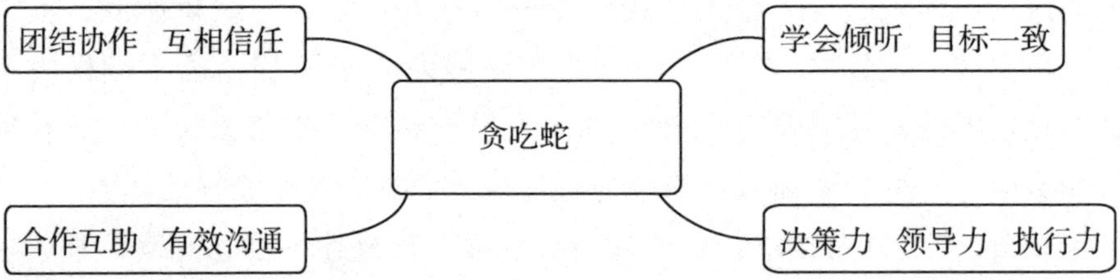

3. 游戏信息表

游戏名称	贪吃蛇
适合年龄	7 ~ 12 岁
游戏参与者	班级同学，几个家庭之间
游戏目的	培养学生的团队协作能力和有效沟通能力
游戏场地	室外的操场、广场、公园等空旷处
游戏用具	眼罩若干，西瓜皮球、篮球、乒乓球、灯笼等各 10 个
游戏时长	自由掌握，可长可短
我的评价	☆☆☆☆☆☆☆☆☆☆

4. 游戏准备

（1）准备眼罩若干，西瓜皮球、篮球、乒乓球、灯笼等各 10 个。

（2）比赛前，教师要认真讲解游戏规则与注意事项，并请一队学生做示范。

（3）游戏参与者要尽量穿运动鞋，以免摔跤。

（4）游戏前要让学生做一些热身运动，以免受伤。

（5）要尽量选择空旷平坦的场地，如在草坪上要注意草地上的石头、木棍和树枝等硬物，在玩游戏之前先清理场地，同时避免选择地势不平整的区域。

（6）如果在篮球场玩贪吃蛇游戏，一定要避开篮球架，以免撞到。

（7）在游戏过程中，教师要耐心指导，以鼓励为主，不能打击学生积极性。

5. 游戏规则

第一环节　贪吃蛇成长之旅（组队之战）

（1）先选出 3 个“蛇头”，各自站在起跑线上，等待口令；

（2）其他同学作为“食物”选择自己喜欢的位置列队站好，等待“蛇头”选择。当被“蛇头”双手触肩就组队成功，“蛇头”迅速寻找下一个“食物”，让“蛇身”变长。以此类推，直到组队 9 人，哪队先组队成功算哪队赢，“贪吃蛇”结束成长旅程，回到起点。

（3）组队成功后，给自己的“贪吃蛇”战队起一个响亮的名字，比如，眼镜蛇战队、响尾蛇战队等。

第二环节　贪吃蛇竞速之战

（4）在第二环节中，在“蛇尾”的指挥下，“蛇头”捡起相应的球后就停下来，然后从前面往后面传，通过“蛇身”传给“蛇尾”，做“蛇尾”的那名队员拿着球放到指定的区域后，回到队伍，同时变成“蛇头”，这样“蛇头”变成“蛇尾”，排在第一的“蛇尾”成为新的“蛇头”，接着继续下一个任务。

（5）贪吃蛇任务卡一：在本项目中，团队须完成积分超过 30 分但不能高于 35 分。（分数只能是 31、32、33、34 其中的任意一个数，其他分数则属无效成绩）

本项目中捡起一个篮球的积分是 14 分；捡起一个西瓜皮球的积分是 8 分；捡起一个乒乓球的积分是 2 分；捡起一个灯笼的积分是 0 分。

贪吃蛇任务卡二：在本项目中，团队须完成积分超过 40 分但不能高于 45 分。（分数只能是 41、42、43、44 其中的任意一个数，其他分数则属无效成绩）

本项目中捡起一个篮球的积分是 18 分；捡起一个西瓜皮球的积分是 28 分；捡起一个乒乓球的积分是 4 分；捡起一个灯笼的积分是 2 分。

6. 注意事项

（1）以队为单位进行游戏。在组队环节，后一位队员的双手搭在前一位队员的肩上，全程不能松手，不能断开。如果不小心断开，断开的“小蛇”要马上全部散开，重新来当“食物”，贪吃蛇则须重新组队。

（2）每个队员都是“蛇”的一部分，要互相配合，“蛇头”奔跑速度要适宜，以保证“蛇身”完整不断。

（3）在第二环节中，队伍行进中要注意不能首尾相连；除了“蛇尾”的最后一名队友外，其他队友都必须戴上眼罩；除了第一名队友可以说话以外，其他队友都不可以讲话。所以，从第二名队友开始到倒数第二名队友是既看不见，又不能说话的。简言之，就是只有“蛇头”能说话，“蛇尾”看得见但不能说话，“蛇身”既不能说话也看不见。游戏进行中，如果发现有说话的、偷看的，将收走一个球作为惩罚。

（4）游戏进行中，各战队不能发生肢体接触，注意安全。

（5）其他贪吃蛇战队不得干扰正在参赛的队伍，每个球的分值在任务卡上注明。每个战队须完成的分值是不一样的，且必须在 5 分钟的时间里完成任务卡上的要求。

二、游戏点评

贪吃蛇的游戏极易激发学生的兴趣。按照难易程度，这个游戏可分为三个难度系数，可以层层递进地玩，也可以任选其一。教师通过游戏的方式，寓教于乐，让学生在游戏过程中感受合作的魅力，感受集体的力量，收获成功的快乐，同时帮助学生在玩中学习沟通的技巧，形成倾听—沟通—信任—协作的班级氛围。

三、案例分享

贪“玩”不贪吃

在一次课间，我看到有几个男生在窃窃私语，眼神还时不时地瞟向我，然而当我一走近他们，讨论立刻停止，后来打听到他们是在聊游戏。怪不得这两名同学最近上课精神不集中，作业情况也不太好，原来是沉迷于游戏了。想起偶然在网上看到学生在操场上玩“贪吃蛇”游戏的视频，我觉得很有趣，突然产生了一个大胆的想法：何不把“贪吃蛇”游戏搬进课间？

我马上开始搜集资料，考虑可行性的问题。为了不让学生们太激动，影响正常的上课秩序，我没有提前公布，而是先私下跟几名爱玩游戏又擅长组织活动的同学沟通，听取他们的意见，再跟体育老师协调好。一次游戏大战就要拉开帷幕啦！

随着老师的一声令下，各个“贪吃蛇”都开始动起来。本来还担心他们怎么交流，原来他们早就商量好了，定下来各自的暗号，有拍肩膀的，有摸耳朵的，还有扯衣角的，看起来很简单，但其实实施起来并不容易。“蛇尾”是否能果断地下达指令，“蛇身”是否能准确快速地传达指令，“蛇头”是否能完整地执行指令……每一个环节都关系到这场争夺赛中小组的最终成绩。

在游戏中，我看到为了胜利，各个小队员都保持高度的一致性，能够克服障碍，进行有效沟通，并能听从指挥，彼此鼓励，齐心协力，直至完成任务。甚至在游戏结束后，成功的小组主动跟其他小组分享经验，失败的小组也表示会总结经验，下次再战！他们已经在期待下次的游戏了。

一次小小的游戏活动，不仅让学生收获了快乐，而且让他们亲身体会到团队的力量，意识到团结合作和彼此信任的重要性，何乐而不为呢？

四、游戏感悟

1. 童言稚语

学生 A：我和同学都很喜欢“贪吃蛇”的手机游戏，假期的时候，我曾在爸爸的手机上玩过。每次看着贪吃蛇不停地吞食食物，慢慢变大就觉得太好玩了。那时候我就在想，要是我也能变成贪吃蛇就好了。没想到我的愿望实现了。这个游戏让我发现团结协作太重要了。

学生 B：我发现，原来玩儿也不是那么容易的，因为这个游戏规则有点多。我为了自己的“眼镜蛇战队”能赢，瞪大眼睛，竖起耳朵听老师宣布游戏规则，生怕错过重要的信息，连老师都开玩笑说：“你要是上课也这么认真专注就好了！”在我当“蛇头”的时候，发现我只能“听”从“蛇尾”传递过来的信息，不然我根本找不到球在哪里，感觉他们就是我的眼睛。这是我第一次感觉到合作的重要性。

学生 C：我们队有个同学不听从队长的指挥，老是自己乱跑，导致我们队总是因为“蛇身”断而丢分，大家都很生气，甚至有的队员都争吵起来，整个队伍乱糟糟的，最后还是老师帮助我们协调好了。这导致我们队分数最低。通过老师的总结，我才意识到沟通太重要了，关键时候不会沟通只会坏事。希望下次我们吸取经验教训，取得胜利。

2. 家长感言

亲子陪玩　收获成长

这个游戏不仅能锻炼孩子身体，还能让我们跟孩子有更亲密的互动，拉近父母与孩子之间的距离，让我们彼此更加了解，像朋友一样融洽地相处，增强了家庭的凝聚力，亲子时光也更加有趣。

同时，这个游戏也让孩子们明白了团结协作的重要性。在未来社会的竞争中，靠一个人的能力是很难成功的，只有团队合作，目标一致，各显其能，互相信任，才能达到成功。

最后，通过这个游戏，孩子还懂得了权衡取舍：很多东西并不是越多越好，积分也不是越高越好，恰到好处才是最好的状态！这一点真的很难得哦！

脱袜子

深圳市福田区外国语学校（福保）　林桂娥

一、游戏介绍

1. 游戏目标和适用性

这个游戏可在班级全体学生以及亲子之间进行，能够提升孩子的情绪感受力和自控力，让他们在游戏中感受释放情绪的愉悦感，体验在规则下如何提升行为自控力。这个游戏还适用于家庭中用于疏导孩子的不良情绪或初次社交的“破冰”行动，不仅可以培养孩子的情绪感受力，还能促进孩子养成良好的规则意识，增强孩子的自信。

2. 功能导图

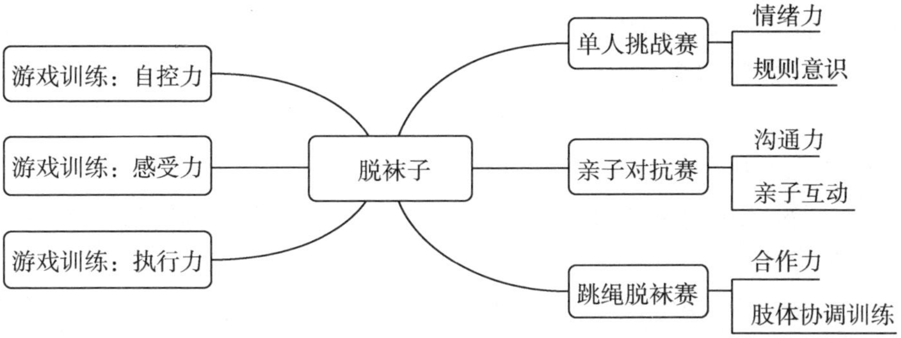

3. 游戏信息表

游戏名称	脱袜子
适合年龄	7～12 岁
游戏参与者	孩子和孩子，家长和孩子，家庭和家庭
游戏目的	帮助孩子释放情绪，建立边界感和规则感，增强自信
游戏场地	室内、室外等空旷处
游戏用具	袜子若干、计时器、软垫子、长跳绳
游戏时长	自由掌握，可长可短
我的评价	☆☆☆☆☆☆☆☆☆☆

4. 游戏准备

（1）准备若干袜子、计时器、软垫子、长跳绳。

（2）确认比赛队员、裁判员、计时人员。裁判员宣读比赛规则，说明注意事项。根据现场情况，设定比赛轮数。

5. 游戏规则

（1）游戏根据难度系数的不同，规则也不同：

难度系数1.0，是单人挑战赛，有两项要求：一是计算孩子为单脚穿上10只袜子和脱掉10只袜子的时间，用时短者获胜；二是在规定时间内，计算孩子穿上袜子的数量，数量多者获胜。

难度系数2.0，是亲子对抗赛。游戏过程中，家长和孩子各穿一双棉袜，面对面坐着，确保露出双脚，不能将脚放置在身后；在规定时间内，谁先把对方的两只袜子脱下来，谁就是胜利者；允许有适当的身体对抗，可以用手去阻挡、攻击等，但不得站起来。

难度系数3.0，是跳绳脱袜赛，这时就属于团体活动了。孩子根据自身水平提前穿上2~5双袜子；两名家长摇绳，孩子一边跳绳一边脱袜子；1分钟内，哪个家庭脱袜子的数量多即为优胜者。（制胜方法：家长和孩子之间可以约定口令或者暗号，如用“123456”等数字来喊拍子，喊“1”时，爸爸妈妈一起摇绳，孩子听到“1”便屈膝蹲下，绳子落地时快速跳起，并在空中脱下袜子。等孩子平安着地后，父母再喊“2”进行游戏。以此类推。）

6. 注意事项

（1）游戏前，确保参赛者双脚干净卫生，没有受伤，如脚上有损伤不宜进行此项游戏。

（2）个人赛和对抗赛适合在室内铺上较软的垫子（或在床上）玩，跳绳赛一定要在户外的平整区域进行。绳子要使用长绳。

（3）比赛前，做好热身准备，以避免在比赛中扭伤脚踝。

（4）对抗赛中，要提前确定好进攻时可以触碰的身体范围，如双方只可以用手触碰对方小腿以下的位置，不可以攻击其他部位。

（5）对抗赛中，要提前讨论好压倒对方的时长，如压倒时间应不超过3秒，避免出现游戏僵持较久的情况。

（6）在孩子单独挑战游戏时，家长需耐心陪伴，给孩子加油鼓劲。

（7）在对抗过程中，建议家长适当“示弱”，以增强孩子的自信和游戏的趣味性。

二、游戏点评

游戏是孩子天然的表达方式。孩子可以通过游戏的方式来表达自己的感受和情感。脱袜子比赛分为三个难度系数，可以层层递进，也可以任选其一，所需物品简单，操作便捷，方式多样，易激发孩子的兴趣，提升孩子的情绪感受力和自控力。

1. 帮助孩子释放情绪，建立自信

我们发现在穿脱袜子的游戏过程中，因为有时间限制和对抗竞争的因素，孩子会有紧张、挫败、焦虑等情绪。这时家长的真诚陪伴、鼓励呵护，就能帮助孩子释放这种压抑的情绪，在克服紧张、害怕的情绪的同时，也让孩子看到自己的力量和价值，发展孩子的情绪感受力和自信力。

2. 改善关系，减少问题

当亲子关系出现问题时，我们可以用“脱袜子”这个游戏来改善亲子关系。

3. 习得规则，建立边界感

在亲子对抗赛中，父母和孩子共同商定好游戏时的进攻范围，训练孩子的规则意识、时间概念，引导他们体验边界感，培养孩子的沟通能力和执行能力、自控力。

4. 有效沟通，学会合作

“脱袜子”游戏中的团体对抗赛，特别讲究有效沟通和团队合作，成员的良好合作、分工安排是制胜的关键。在这个过程中，孩子不仅发展了肢体协调能力，还学会了有效沟通，提高了自身的合作能力。

三、案例分享

简单好玩小游戏　其乐融融一家人

作业辅导时间，瓜妈和瓜瓜之间的家庭战争一触即发。

“你看看现在都几点了，你回家后都干了什么？不想妈妈唠叨你，就快去写作业。”

瓜瓜一听黑下脸，把平板狠狠地丢在沙发上，气鼓鼓地说：“写作业！每天都得写作业！我就不能做点自己喜欢的事情吗？什么都得听你的，你以为自己是女王啊！”

瓜妈没好气地说："有本事你就管好自己的学习，管好了你干什么都可以，没做好，就得听我的。"

家里的气氛一下子降到了冰点，瓜爸在旁边圆场道："你们俩的话都得听，我都听你们俩的。"接收到爸爸的信号，瓜妈赶紧收拾坏情绪，主动示好说："前几天，林老师给家长们推荐了一个好玩的亲子游戏，如果你能在晚上8点前把作业做完，我们三个人就可以玩一玩。"一听可以玩游戏，瓜瓜瞬间心情大好，赶紧开始写作业了。

到了晚上8点，瓜瓜果然把作业都写完了。我们一家三口认真阅读了林老师推荐的"脱袜子"游戏介绍，在咨询了瓜瓜的意见后，选择了单人挑战赛和亲子对抗赛两个难度系数的形式。我们把一家三口的袜子统统堆在了跟前，先玩单人挑战赛，瓜妈负责计时，瓜爸和瓜瓜各自挑战在固定的30秒内，比赛谁单脚穿上的袜子多。只见瓜瓜专心地将一只只袜子套到自己的左脚上，可在穿第七双袜子时出现了困难，由于袜子间摩擦力度增大了，在穿这双袜子时，袜子被卡住了，瓜瓜有些着急了。她觉得自己会输给爸爸，嘴上不停地说："好烦啊，卡住了，我做不到的。"妈妈鼓励她："你可以的，慢慢来，深呼吸，尝试调整手的角度去穿袜子。"最后在妈妈的一再鼓励下完成了比赛。秉承孩子胜利的原则，瓜妈不停地给瓜瓜加油，瓜爸在收到"当加油声越来越响亮"的暗号后，心甘情愿地输给了瓜瓜。

瓜瓜又乘兴和瓜妈玩了亲子对抗赛。在规定的两分钟内，谁先把对方的袜子脱下，谁就是赢家。经过沟通，游戏规则是瓜妈要单手进攻，瓜瓜可以双手进攻，双方只能触碰对方小腿以下的位置，压倒对方的时间不能超过3秒。瓜妈由于只能单手游戏，状态略处下风，瓜瓜使出浑身解数将妈妈压倒在地，奋力将妈妈脚上的袜子脱下，她再一次赢得了游戏。

游戏过后，一家人分享了彼此的游戏心得，亲子关系同时也得到了改善。家庭小矛盾会让亲子关系变得紧张，但有趣的亲子游戏总能化解这一切。

四、游戏感悟

1. 童言稚语

学生A：我很喜欢玩"脱袜子"的游戏，这个游戏很有意思，只要有袜子就可以了。有时觉得游戏规则很令人讨厌，会觉得太受拘束，但是后来我发现，只有控制自己的情绪，遵守规则，才能取得真正的胜利。

学生B：在跟妈妈玩游戏的时候，我总是能赢她，我觉得很开心，因为平时做其他事情，我不是总有机会赢她的。脱袜子的游戏还很刺激，要在规定时间里想办法脱掉别人的袜子，但不可以使对方受伤，我每次都要想尽办法才能赢。

学生 C：妈妈平时对我很严格，但是玩游戏时，她却很有趣，我希望可以一直和她玩游戏。

2. 家长感言

家长 A：作为一名职场妈妈，总会不自觉地把工作情绪带回家，在照顾女儿生活、辅导学习的时候，发号施令，恩威并施。虽然知道这样的妈妈不讨孩子喜欢，但往往控制不住自己。

庆幸有老师推荐的这个亲子小游戏，让我在游戏中弥补了对孩子的愧疚，也让我在游戏中看到了孩子无忧无虑的笑容。通过游戏，我发现孩子很有自己的主意，也能很好地遵循游戏规则。我想可能是我平时太焦虑了，以至于对她的学习安排总是不放心，也许我应该学会放手了。

家长 B：每次玩完游戏，女儿都会抱着我说："我好喜欢这样跟你一起玩游戏，玩游戏的妈妈最美丽了。妈妈，下次我们什么时候一起玩呢？"听完这样的话，我也开始期待下一次的游戏了，游戏让我们母女的心贴得更近了。

家长 C：除了辅导孩子学习、一起亲子阅读，我不知道还有什么方式能跟孩子和谐相处。老师介绍的亲子游戏，是我目前尝试过的最轻松的亲子相处方式，不仅大人和孩子都能玩得开心，而且零负担。

跳房子

深圳市福田区黄埔学校　邹剑萍

一、游戏介绍

1. 游戏目标和适用性

这个游戏又被称为“跳格子”，是经典的“80 后”玩的游戏。由于时代的关系，“80 后”小时候比较常见的玩具就是沙包，但现在的学生物质条件好了，手机、平板、电脑等电子产品几乎家家都有，导致他们沉迷电子产品，不仅疏远了父母、朋友，也远离了户外活动，影响了视力。让孩子和父母或者和好朋友一起体验“跳房子”游戏，不仅有利于锻炼身体、恢复视力，也增进了他们与父母之间的亲子关系和与朋友之间的友谊。

2. 功能导图

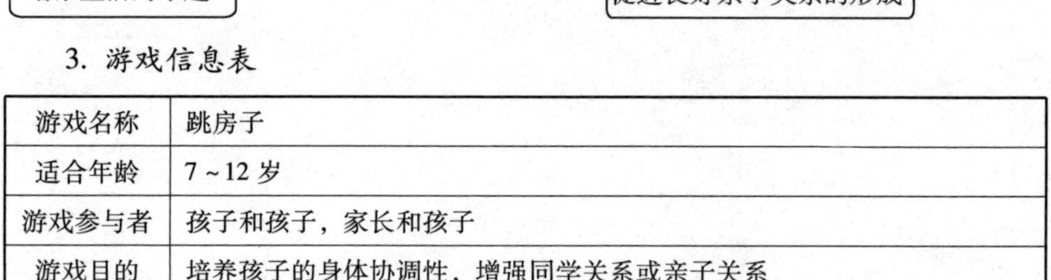

3. 游戏信息表

游戏名称	跳房子
适合年龄	7 ~ 12 岁
游戏参与者	孩子和孩子，家长和孩子
游戏目的	培养孩子的身体协调性，增强同学关系或亲子关系
游戏场地	操场、草地、广场等空旷地
游戏道具	一个粉笔头、一个沙包（或小石块）、计时器
游戏时长	自由掌握时间
我的评价	☆☆☆☆☆☆☆☆☆☆

4. 游戏准备

游戏参加人数需两人以上，在游戏前，需准备粉笔、沙包（或小石块）、计时器，用粉笔在地上画房子。房子由大小相似的格子组成，格子长、宽各约40厘米，但序号4、5、7、8的格子的长要更长一些。共画9个格子，然后按顺序在每个格子里面写上1～9的数字。格子的样式如下图。

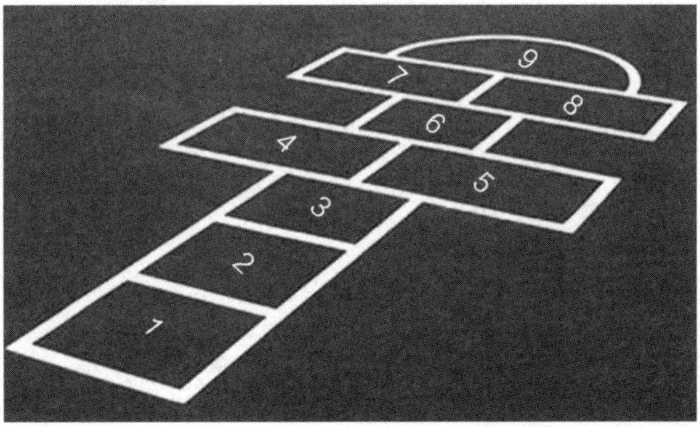

5. 游戏规则

根据难度系数的不同，游戏的规则也不同：

难度系数1.0，玩游戏时，参赛者站在1号格子外面，单脚按顺序从1格跳到9格，遇到4、5和7、8这样的并列双格时两脚须同时落地，跳到“天堂”格9格时，双脚跳进的同时反身，按从9到1的顺序跳回到起点，谁用时最少谁就获胜。

难度系数2.0，玩游戏时，参赛者站在1号格子外面，左脚按顺序从1格跳到9格，遇到4、5和7、8这样的并列双格时两脚须同时落地，跳到“天堂”格9格时，双脚跳进的同时反身，换右脚从9到1的顺序跳回到起点，谁用时最少谁就获胜。

难度系数3.0，玩游戏时，参赛者站在1号格子外面，将沙包丢进1号格，然后单脚跳进2号格，再跳进3号格，不换脚，依次完成单排格，遇到两格并列或“天堂”格9格时可以双脚落地分立两格，就这样按照从1到9的顺序，到终点后以与之前同样的方法跳回来，返回时顺便捡起沙包，跳出来。然后将沙包丢进方格2，再次重复刚才的跳法。一个人把沙包丢完所有格子就可以获得盖房子的权利，即站在起点，背对格子丢沙包，沙包落到的格子就是他的专属房子，可以写上他的名字。在接下来的游戏中，别人就不能踩到这个格子，必须跳过去。当所有格子都被盖上房子后，拥有房子最多的人获胜。

6. 注意事项

在游戏前，提醒孩子做好热身准备，以免扭伤脚。

二、游戏点评

跳房子游戏是中国民间传统的体育游戏之一，趣味性、娱乐性强，作为亲子游戏及同伴游戏深受人们喜爱。这个游戏具有以下优点：

1. 成本低

跳房子游戏不需要特殊的游戏材料或工具，是一种比较简单和廉价的游戏。玩的时候，只需要一块相对平整的地面、一个粉笔头和一个自制沙包（也可用小石块）。

2. 规则简单

参赛者画房子的同时就能把游戏规则讲清楚，这样能避免在游戏过程中出现争执现象。

3. 设计科学

这个游戏让孩子在单脚跳几格之后双脚跳，能够避免孩子因连续单脚跳而失去平衡摔倒，锻炼了孩子身体的灵活性和协调性。

4. 安全性强

跳房子游戏需要的运动量不是很大，在活动过程中同伴之间没有对抗，不会产生因同伴的不小心而带来的伤害，是安全性很强的游戏。

5. 形成品质

在游戏中，孩子们的情绪都比较放松，他们在愉悦的氛围中迎接挑战，形成积极进取、乐观、自信的意志品质和心理品质。

三、案例分享

跳房子，跳出幸福与快乐

"妈妈，我作业写完了，可以拿你手机给我玩一下吗？"这是孩子经常给我提出的请求。孩子进入小学阶段后，为了让他德、智、体、美全面发展，我就随波逐流地给他报了奥数、游泳、钢琴、美术等各种兴趣班，他学得很累，我也疲惫不堪。孩子提出这个请求，是合理的，他想休息、放松一下。可我不敢让他过多地接触手机，一是怕他沉迷网络游戏，二是怕导致他视力下降。面对他渴望的眼神，我该怎么办呢？果断地拒绝可能会破坏我们母子之间的感情，也会让他以后对学习产生懈怠情绪。突然我想起小时候玩的一个很简单的游戏——跳房子，我可以建议孩子和我一起来玩这个游戏呀。我刚提出来时，孩子虽然有些抵触，但是当准备好后，他也就高兴地参与进来了。他从小爱运动，身体协调性强，很快就熟练了游戏规则，而且占有了好几间房子，我于是故意耍赖，装出无家可归的可怜样子，孩子就会在一边鼓励我："妈妈，加油，别急，慢慢来！""妈妈，没事的，我有很多房间，我会给你住的！"在户外，微风吹过，为我们拂去额头上的汗珠，我们跳着、笑着，儿子感受着户外运动带给他的快乐，而我在重温儿时游戏的同时，更享受着儿子带给我的爱。

四、游戏感悟

1. 童言稚语

学生 A：妈妈小时候玩的游戏好有趣呀！完成学习任务后，我和妈妈一起来到户外玩"跳房子"。在游戏的过程中，妈妈总是鼓励我。有几次我违反了游戏的规则，妈妈却故意把脸转一边去当没看到，等我跳完后，她高兴得手舞足蹈，比她自己成功还开心。我知道，这是妈妈对我的爱。我们玩游戏的时候，还吸引了很多小区里的小朋友们围观，妈妈邀请他们一起来玩，这样我又交到了很多的好朋友，我好开心呀！

学生 B：邹老师，这个游戏好有趣，你知道我多厉害吗，一下子就从 1 跳到 9 了，同学们都为我鼓掌呢，我好开心。回家我要跟爸爸妈妈一起玩。

学生 C：邹老师，这真的是你小时候玩的游戏吗？你能占多少个"房间"？你厉不厉害呀？你肯定是你们那群小伙伴中最厉害的那个。这个游戏看起来不是很难，但必须体力好、平衡性强才行。看来我还要多练练单脚跳，这样下次我就能获胜。

2. 家长感言

家长 A：儿时，父母为解决我们的温饱问题，没有时间与我们交流，不能陪我们玩耍，我只能与隔壁的小朋友们相约在街头巷尾玩这个简单、容易操作的游戏——跳房子。我们虽然玩得很开心，可内心却总觉得少了点什么，现在想来少的是与父母之间的情感交流。与孩子一起玩这个儿时的游戏，让我重温了童年时简单的快乐，更让我借此机会改善了我们的亲子关系。在玩游戏的过程中，我变成和他年龄相仿的"大小孩"，与他一起跳着、笑着，我激励着他，他鼓励着我，我们相互陪伴，构建了良好的亲子关系！简单的游戏跳出别样的幸福！

家长 B：邹老师，今天孩子回来好兴奋，跟我说邹老师带他们玩“跳房子”的游戏。我跟孩子说妈妈小时候就是玩这个游戏长大的。我们俩一下子找到共同语言了，聊得可开心了。在聊的过程中，童年的片段在我的脑海里一幕幕放映，那时无忧无虑的生活中缺少父母的陪伴，简单快乐但也孤单。我觉得现在我要弥补这份孤单，与我的孩子一起跳、一起玩，在他需要我陪伴的时候陪他长大。

环保趣味保龄球

深圳市益田小学　陈芊宇

一、游戏介绍

1. 游戏目标和适用性

这个游戏可以提升学生的环保意识。学生们在自己制作游戏用具的过程中，体会到变废为宝、物尽其用的快乐，同时激发创造力，感受成功的喜悦。学生可以居家时自己玩这个游戏，也可以在学校和同学、朋友一起玩，还可以一家人玩或几家人一起玩。这个游戏不仅能锻炼学生的身体，为生活增添乐趣，而且能增进参与者之间的关系。

2. 功能导图

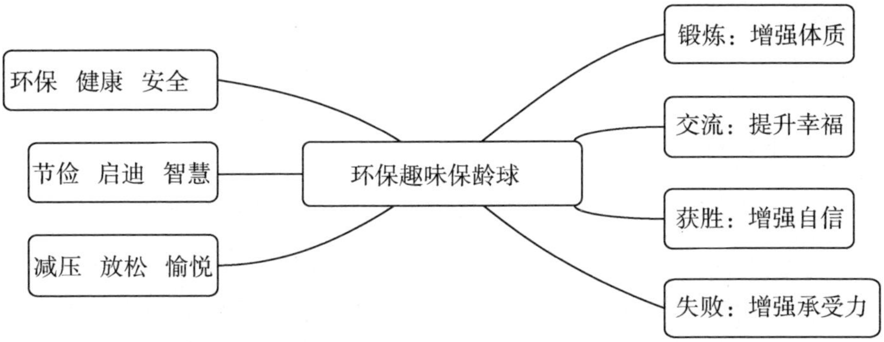

3. 游戏信息表

游戏名称	环保趣味保龄球
适合年龄	7～12 岁
游戏参与者	孩子和孩子，家长和孩子，家庭和家庭
游戏目的	让学生锻炼身体，减缓压力和增强自信
游戏场地	室内、广场、公园等空旷处
游戏用具	收集 10 个矿泉水瓶、一碗沙土、一个皮球
游戏时长	自由掌握，可长可短
我的评价	☆☆☆☆☆☆☆☆☆☆

4. 游戏准备

（1）准备 10 个大小一样的矿泉水瓶，用小勺把沙土平均装进 10 个矿泉水瓶中，沙土大概占瓶子的五分之一。

（2）然后把 10 个矿泉水瓶按照每排个数 1、2、3、4 的顺序摆放成三角形，作为被击目标。

（3）根据比赛难度，画出犯规线，最前面一个瓶子与犯规线的距离分别是 3 米、5 米和 10 米。

（4）最后把皮球放在犯规线后备用。

（5）场地布置完毕，主办者要认真讲解比赛规则以及注意事项等。

5. 游戏规则

（1）单人赛：游戏共进行 6 局，每局每人投 3 次，每次打倒几个瓶子就得几分，总分多者为胜。

（2）家庭赛：游戏共进行 5 局，每局每个家庭的每个成员各投 1 次，每次打倒几个瓶子就得几分，家庭成员总分多的获胜。

（3）游戏的难度系数不同，游戏的规则也不同：

难度系数 1.0，犯规线距离最前面的瓶子 3 米；

难度系数 2.0，犯规线距离最前面的瓶子 5 米；

难度系数 3.0，犯规线距离最前面的瓶子 10 米。

二、游戏点评

统编版二年级《道德与法治》第二单元的内容是“我们要好好玩”。通过这个单元的学习，学生们明白了要玩健康的游戏，玩游戏时要注意安全，也了解了一些传统游戏，如抓子、挑竹签、跳房子、小猴上树等，还创造了一些新的游戏，如小孩吃水果、发射乒乓球、自制动物滑梯等。其中，环保趣味保龄球，是学生喜欢的游戏之一。这个游戏具有以下特点：

1. 游戏既环保又安全

现在，人们的生活水平都提高了，大人更是尽量满足孩子们的各种需求。每个孩子的玩具都特别多，而且大都是买来的。而“环保趣味保龄球”这个游戏，是让孩子们把平时用过的矿泉水瓶积攒起来，既环保又健康安全。

2. 游戏既提倡节俭又启迪学生智慧

孩子们自己动手，不用花钱变废为宝，把喝过的矿泉水瓶变成有趣的游戏，既教会孩子们节俭，增强他们游戏的兴趣，又启迪他们的智慧，自己去发明创造。

3. 游戏帮助学生锻炼身体，增强体质

学习之余玩“环保趣味保龄球”，有益身心，可以弥补每天运动的不足。这个游戏可以锻炼全身的肌肉，锻炼手臂肌肉的爆发力，还可以锻炼身体各部位的协调性，特别是眼、手的协调性。

三、案例分享

动手动脑又健身　在家游戏不无聊

当讲到《道德与法治》中的“我们有新玩法”时，老师布置了一项作业：研究适合室内玩的游戏。

我想了很多游戏，有折纸、搭积木等，但都被孩子否定了。孩子好动，最后她选定了“环保趣味保龄球”的游戏。女儿搜集家里的矿泉水瓶，我搜集单位的矿泉水瓶，然后进行冲洗，酒精消毒，晾晒等，我们很快就集齐了10个空矿泉水瓶。

我俩又一起上网搜索保龄球的玩法，了解规则、动作要领等。她学得比较快，所以一开始她总是赢，她还教我怎么把球送出去，效果果然好。后来，我们觉得矿泉水瓶太容易倒了，有的矿泉水瓶倒了不是因为被击中了，而是被旁边的瓶子碰倒的，这样也太简单了吧！

我跟孩子一起想办法：如果给矿泉水瓶增重，可能会让它稳定一些。我们说干就干，从自家的小花园里挖了一些土（如果没有土，可以用自来水代替），平均地装进10个空矿泉水瓶里。这样，难度增加，更锻炼耐心。

四、游戏感悟

1. 童言稚语

学生A：这个游戏让我发现原来空矿泉水瓶不仅可以当废品卖，还可以做玩游戏的用具；皮球是我上幼儿园的时候买的，现在虽然不能拍了，但正好可以做游戏中的保龄球。

学生B：这个游戏全家都可以玩，特别有趣，既可以锻炼身体，又可以增进家庭成员之间的关系。不足之处是家里空间有限，我把矿泉水瓶摆在客厅靠阳台的地方，有时大人要去阳台晾晒衣物就需要跨过去，有点碍事。后来，我还约同学在小广场上玩这个游戏，他们也非常喜欢，玩得特别开心。

2. 家长感言

一人开心，全家放心

平时我们都需要上班，爷爷奶奶年龄也大了，没人陪她玩。自从有了“环保趣味保龄球”这个游戏以后，她上完网课就自己玩。每次下班回来，她都特别开心地告诉我她学习到的新技能，新突破。有时，我带工作回来加班，她也不再缠着我，自己去玩“环保趣味保龄球”。

周末，我们都在家，她还会组织我们全家进行比赛，爷爷奶奶一队，我和女儿一队，爸爸自己一队。这个活动老少皆宜，为我们的家庭带来不少快乐。

协作力培养篇

双人背球

深圳市福田区福新小学　林子煊

一、游戏介绍

1. 游戏目标和适用性

这个游戏适用于 8～12 岁的学生，玩法简单，趣味性强，同时场地易寻找、用具简单，只需要空旷的场地和篮球。游戏可以班级全体学生共同参与，能够提升学生的执行力、沟通力和协作力，使他们体会到集体生活中团结互助的重要性，使同学关系更加亲密，从而提升班级的向心力和凝聚力。

2. 功能导图

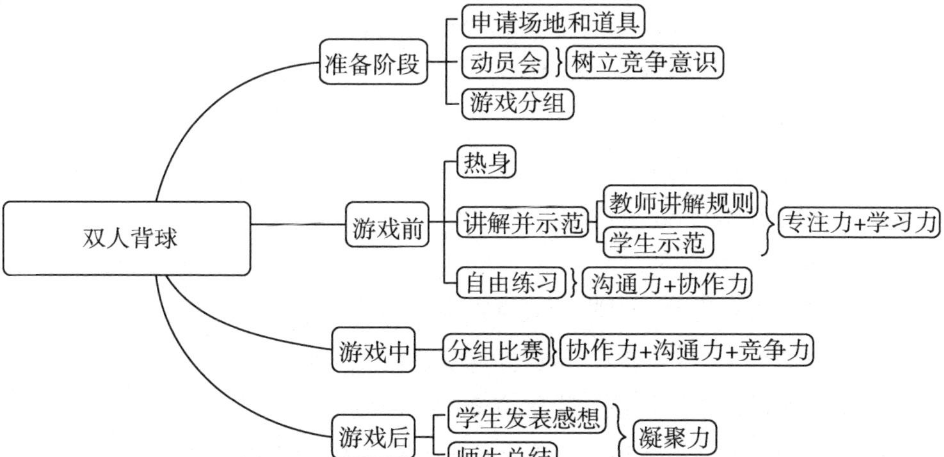

3. 游戏信息表

游戏名称	双人背球
适合年龄	8～12 岁
游戏参与者	孩子和孩子，孩子和家长
游戏目的	培养学生团结合作的能力，树立竞争意识
游戏场地	平坦、空旷的场地，室内外均可
游戏用具	4 个篮球
游戏时长	每组游戏用时 3 分钟
我的评价	☆☆☆☆☆☆☆☆☆☆

4. 游戏规则

（1）学生自由组合，分成两组。

（2）赛前让两组学生分别列队站在游戏路线的两边。

（3）比赛开始，两人背夹篮球，步调一致向前走，绕过转折点后再回到起点，下一组开始前进。

（4）比赛过程中如有球落地情况的出现，需返回起点再重新开始。

（5）途中不得以手、臂碰球，如有违反均视为犯规。每碰球一次记犯规一次，每犯规一次比赛成绩加 2 秒。

（6）进行接力时，接力方必须在规定区域内完成接力活动。比赛结果以裁判员的判罚为最终判决。

（7）用时最短的队伍获胜。

5. 注意事项

（1）做好热身运动，以防游戏过程中受伤。

（2）遵循自由组队原则，禁止强制安排。

（3）游戏过程中两组按规定赛道奔跑，以免相互碰撞。

（4）教师在游戏过程中给予学生鼓励，但不能违规进行帮助。

二、游戏点评

体育类的游戏项目比较符合 8～12 岁这一年龄阶段学生的特点，是学生们比较喜欢的。“双人背球”这个游戏项目比较简单，而且贴近学生们的生活。这个游戏有以下优点：

1. 游戏玩起来难度小

对于这个年龄阶段的学生来说，“双人背球”游戏玩起来的难度比较小，易于操作。虽然具有一定的危险性，但在了解游戏技巧，并做好热身和保护工作的基础上，危险性可以得到有效控制。

2. 游戏场地好找

由于这个游戏只需要有一个20米长的空地即可，所以活动场地很好找。

3. 游戏符合学生的年龄特点

此年龄阶段的学生比较好动，热爱体育运动，喜欢探索新鲜事物。这个游戏符合此阶段学生的这些特点，也有助于学生肢体的协调发展。

4. 可以培养学生的团队精神

玩这个游戏需要有很强的团队意识，有利于提高学生的沟通能力和执行能力。在游戏过程中，参与者需要和伙伴进行及时沟通，调整动作，才能加快速度，如果只顾自己往前冲，不顾伙伴的步伐快慢，篮球一定会掉在地上，所以学生能够更加懂得合作的重要性，培养团队精神。

三、案例分享

团结合作，在游戏中受教

为了展示小学生的精神风貌，提高班级凝聚力，学校要求每个班级组织一次课间活动，我们班决定玩“双人背球”的游戏。我们在练习的时候也存在很多问题，其中最大的问题就是有部分学生不愿意参与，缺乏团队意识。通过一周的鼓励和动员工作，学生们终于都愿意参加活动。我们也打算借此机会，通过“双人背球”游戏培养学生团结合作的意识，提高沟通能力，同时培养学生的竞争意识。

游戏比赛终于开始了。热身运动后，全班学生先自由练习。赛前预练是为了让学生有更充分的心理准备进行比赛，更热情地参与到游戏当中。

比赛正式开始了。大家屏气凝神，前排的学生已经摆好了姿势，背对背，双手相互紧扣在一起。“比赛开始!”随着我的一声令下，第一排的学生马上冲了出去，其他同学为他们大声呐喊助威：“加油！加油！加油!”

在比赛中，为了让队伍在最短的时间内赢得比赛，有一位学生主动站出来帮忙换篮球。在这位学生的榜样示范下，多名学生纷纷跑上前帮忙，团结协作，大家玩得更起劲了。

气氛热烈起来，两队的速度也不分上下，大家都奋力向终点奔去。让我印象最深的特别是王××和李××这对“冤家”，这次比赛恰巧被分到一组。只听他们的组长大喊一声“开始换球了!”，这对“冤家”一个头抬得高高的，显得很自信；一个眼睛看着地上，头上直冒汗，显得很紧张。但他俩却有着让人出乎意料的默契，同时弓着腰，弯着腿，叫着“一二一，一二一”的口号慢慢前进。刚开始他们走得还不错，可走到一半就开始掉链子了——球从他们身上掉了下来。他们一下子就慌了，还互相埋怨着。后来，他们定了定神，总结了失误的原因，又重整旗鼓，冲向了终点。看来这对“冤家”并不是真的“死对头”呀!

到了最后，学生已经兴奋到极点，加油声震耳欲聋，欢呼声弥漫在整个操场。在笑声和汗水中，学生们体会到了团队荣誉感与团结协作的乐趣，知道了要想有收获就要去公平竞争的道理。

在游戏结束之后，我及时组织学生交流游戏的体验和心得，引导学生正确看待团队合作和竞争。本次游戏活动有效地提升了学生的团结合作能力，培养了竞争意识。同时，在游戏过程中，学生为了实现共同的目标一起拼搏和努力，有效增加了同学间的沟通和互动，提升了班级凝聚力。

四、游戏感悟

1. 童言稚语

学生A：这个游戏让我发现原来为了集体的荣誉贡献自己的力量还是很快乐的。在游戏过程中，虽然会担心表现不好被同伴指责，但我会努力争取胜利。这种感觉太棒啦!

学生B：我平时不太喜欢跟其他同学一起参加活动。但是，这次玩背球的游戏让我感觉到跟同学们在一起玩还是很开心的。希望以后有更多这样的游戏可以参与。

学生C：背球的过程中还是有一些困难的地方，配合不好就会出现失误，但是从失败中吸取经验教训，最后获得胜利也是一件令人非常开心的事。

学生D：开始看别的同学练习的时候觉得好难啊，感觉自己没办法完成这样的游戏。平常我也很少参与集体游戏和活动，面对这样的困难我更加退缩了。但老师跟我说，要勇于和同学迎接新的挑战。我在老师的动员和鼓励下，鼓起勇气参与了游戏。虽然在游戏的过程中还是出现了失误，但是同学们一直在给我呐喊加油！最后我顺利完成了游戏。谢谢我亲爱的老师和同学们给我的支持和鼓励。

2. 家长感言

家长 A：我们平时工作比较忙，无暇顾及孩子的生活和学习，也导致我们的亲子互动比较缺乏。感谢学校和老师如此精心的安排，通过如此有意义的游戏培养孩子的团结合作能力，树立竞争意识，同时让我有机会参与到孩子的学校生活中。感谢有这样的机会让我和孩子如此快乐。

家长 B：我也是学校的老师，深知父母陪伴和家庭教育对孩子成长的重要性。孩子从一出生就开始受到外界各种各样的影响，作为家长要让孩子模仿和学习好的方面，提供优良的家庭教育和温暖的家庭环境。我自认为我的孩子初级社会化完成得很棒，需要学校和老师提供更好的教育给孩子，让他继续完成社会化过程。感谢你们！

盲人旅行

深圳市福田区福南小学　郑美妮

一、游戏介绍

1. 游戏目标和适用性

这个游戏可以在室内进行，也可以在室外大的场地开展，既可以在学校与同学一起玩，也可以在家庭中与父母一起玩。学生通过体验“盲人”与“拐杖”的角色，反思自己在帮助他人与信任他人上的不足，进一步体验信任与被信任的欣慰与快乐。

2. 功能导图

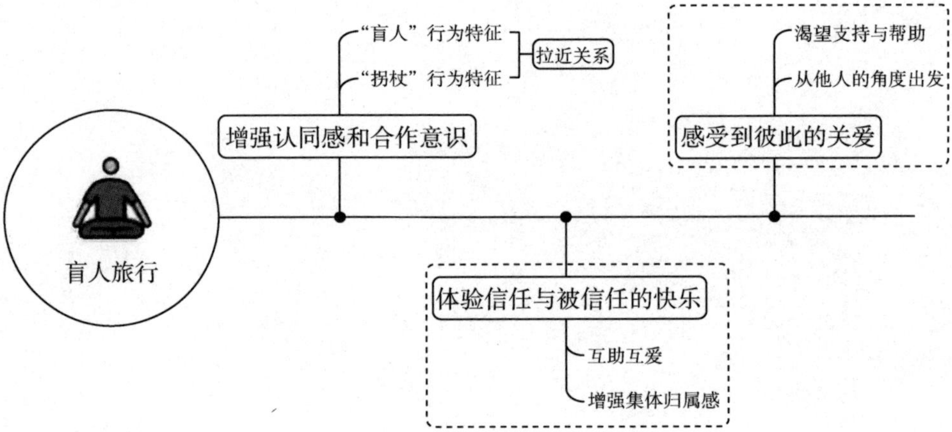

3. 游戏信息表

游戏名称	盲人旅行
适合年龄	7~12岁
游戏参与者	班集体成员、家庭成员
游戏目的	通过助人与受助的体验，增强学生对他人的信任与接纳
游戏场地	室外或室内的空场地
游戏道具	眼罩、障碍物
游戏时长	30+5分钟
我的评价	☆☆☆☆☆☆☆☆☆☆

4. 游戏规则

（1）每两人为一组，分别扮演盲人与拐杖，共同穿越障碍路线。顺利通过障碍且用时最短的小组获胜。

（2）穿越障碍路线过程中不允许用语言交流，最好配置适当的背景音乐。

（3）在难度系数不同的情况下，游戏有不同的规则：

难度系数1.0，在背景音乐中，扮演盲人的同学戴上眼罩，在原地转3圈，暂时失去方向感，在室内独自一人进行穿越障碍的旅程，体验盲人的无助、艰辛，甚至恐惧。顺利通过且用时最短者获胜。旁边的同学不允许使用语言或肢体给予提示，教师在旁确保“盲人”的安全。

难度系数2.0，游戏在室内小场所进行。在背景音乐中，班级的一半学生扮演盲人，“盲人”戴上眼罩后在原地转3圈，另一半学生扮演帮助盲人的拐杖，由“拐杖”帮助“盲人”完成室内有障碍的旅行。第一轮“盲人”旅行后，同学互换角色重新体验。

难度系数3.0，游戏在室外大场所中进行。在背景音乐中，班级的一半学生扮演盲人，“盲人”戴上眼罩后在原地转3圈，另一半学生扮演帮助盲人的拐杖，由“拐杖”帮助“盲人”完成室外有障碍的旅行。两位教师在旁确保学生的安全。在活动中，如果出现人数为单数的情况，教师需要扮演拐杖，及时参与进来帮助学生完成任务。

5. 注意事项

（1）教师可以适当给予学生安全提醒，但不允许有其他的语言或肢体提示。

（2）事先选择好盲行路线，路线的设计中应该有跨越、下蹲、上下楼梯等多种障碍，越过障碍物的难度根据游戏的难度系数逐渐加大。

（3）当学生在游戏中遇到困难时，教师不要急于给予帮助，要给予学生充分的信任。

（4）在“盲人”与“拐杖”角色互换时，最好不要让学生选择原来的伙伴，以新伙伴为好。

（5）在学生扮演盲人时，教师要在旁确保学生的安全，避免磕碰。在家里，家长也要确保孩子的安全。

二、游戏点评

这是一次角色体验的游戏。当在体验了一段时间的黑暗与无助后，许多人掀开眼罩的第一句话就是：“谢谢你！”这个游戏可用于课间多人活动，也可用于亲子活动。这个游戏具有以下特点：

1. 帮助学生增强认同感和合作意识

在活动过程中，不同的“盲人”与“拐杖”表现出了不同的行为特征：有的“盲人”对他人信任度较低，行动比较迟缓；有的“拐杖”觉得自己很熟悉场景，就自信地领着“盲人”行走，没有考虑到“盲人”的心理感受，结果在行进中遇到了困难，使“盲人”降低了对“拐杖”的信任感；有些“盲人”非常信任“拐杖”，但是“拐杖”不细心，使“盲人”险些跌倒，这也影响到了“盲人”对“拐杖”的信任感；还有的“拐杖”非常细心，但“盲人”一直缺乏信任感和安全感，不敢听从“拐杖”的指引。

当和同学交流自己的想法和感受时，他们发现班级中的其他人有着相似的体验。大家的共同体验，增强了同学们对班级成员的认同感，增强了班级的凝聚力。平时在学校生活中偶尔产生的不愉快也在游戏中荡然无存，相视而笑，大家的关系在游戏中拉近了。

2. 使学生感受到彼此之间的关爱与信任

在角色扮演中，学生普遍体会到了作为一个盲人在障碍面前的无助、孤独甚至恐惧，内心特别渴望得到帮助与支持。“拐杖”的出现是“盲人”的救命稻草，但做好“拐杖”也不是一件简单的事情，需要从他人的角度出发考虑问题。“盲人”只有对“拐杖”信任，才能心底坦然、步履从容。而通过“盲人”与“拐杖”角色互换，可以帮助学生反思自己在帮助他人与信任他人上的不足，进一步体验信任与被信任的欣慰与快乐。

三、案例分享

一场友爱与信任的邂逅

五年级的学生还处于心理不成熟期，容易以自我为中心，不注意他人的感受，对他人缺乏信任和理解。这些问题仅靠教师单纯的说教已不能解决，甚至会引起学生的逆反心理。于是，我设计了“盲人旅行”的信任游戏，让学生在活动中真实地体验和感悟理解、信任、互助的作用，享受朋友间爱与被爱的幸福。

在学生兴奋的欢呼声中，我介绍完游戏规则。游戏开始了，现场立即变得异常安静。扮演盲人的同学都戴上了眼罩，原地转 3 圈以后，小心谨慎地摸索寻找自己的“拐杖”，找到“拐杖”的“盲人”则紧紧地抓着同伴的手或衣袖，生怕同伴把自己丢掉，“拐杖”们也十分紧张，个个面色凝重，小心地保护着同伴，每走一步都谨慎再谨慎。

通过“盲人旅行”这个游戏，学生们体验到互信的重要性，感受到了关爱，学会了从感受他人的爱到给予他人爱。同学们也在游戏中得到了他人的认同，在增强集体归属感的同时，也深切地感受到自己是集体的一分子！

四、游戏感悟

1. 童言稚语

学生 A：做“盲人”时特别紧张、害怕，不敢往前走，也怕我的“拐杖”松手把我摔了。不过在行进中，他对我暗示得比较好，只要顺着他的提示走，就能顺利地走完全程，从中我感受到人与人之间的信任与合作是非常重要的。

学生 B：我认为扮演盲人一般能很快适应。我觉得自己的独立性是很强的，只要稍微给我一些暗示，我就能做得很好，如果我的同伴过度保护我，我会觉得不舒服。

学生 C：我做的是“盲人”，起初我觉得很简单，自己摸索就可以了，但是黑暗中我什么也看不见，还真是有些恐惧。后来，我的同伴轻轻地扶着我，在转弯和上楼梯时都给我一些暗示，我的行走就挺顺利的，也没有那么害怕了，心里特别感谢我的“拐杖”。

学生 D：我刚开始的时候并不是很信任我的“拐杖”，认为他照顾得不周到，只是在我遇到台阶之类的障碍时才提醒我，很多时候还要靠我自己去摸索体验。不过，结束后我也挺感谢他的，因为他给了我一个自己探索的机会。有时候我发现相信别人也不是那么容易的，所以我们平时还是要有意识地培养自己处理问题的能力，关键时刻还是要靠自己。

学生 E：我扮演的是拐杖。我觉得能把“盲人”安全地送到指定地点，心里很高兴，没有把“盲人”磕着碰着，很有成就感。尤其是他对我说“谢谢”的时候，我觉得自己的付出很值得。

2. 家长感言

信任之旅，感恩之行

自从孩子上了五年级之后，他就有了自己的“小世界”，不再愿意和我说心里话了。通过这个“盲人旅行”的游戏，我们又重新找回了彼此之间的信任与爱。

在整个游戏的过程中，我们没有任何的语言交流，虽然难免会不小心碰到障碍物，但是我们都坦然接受了这种小失误，继续认真前行。从游戏中，我们体验到和孩子之间的信任感，也锻炼了孩子的责任感，以及亲子间的沟通能力。

这个游戏可以互换角色，既让孩子体会到做“盲人”时对他人的信任，也体会到做“拐杖”时对他人的关爱，还可以两个人都扮演“盲人”，体验在一起相互扶持地探索世界的感受。

小猴捞月

深圳市福田区福田小学　罗丽丽

一、游戏介绍

1. 游戏目标和适用性

这个游戏可以在学校与同学玩，也可以在家里与家人玩。室外的游戏场地更佳。游戏的目的在于提升学生的思维能力，提高学生肢体的灵活性，培养学生的规则意识、认知能力、协作能力和反应能力，同时帮助学生缓解疲劳，愉悦身心。

2. 功能导图

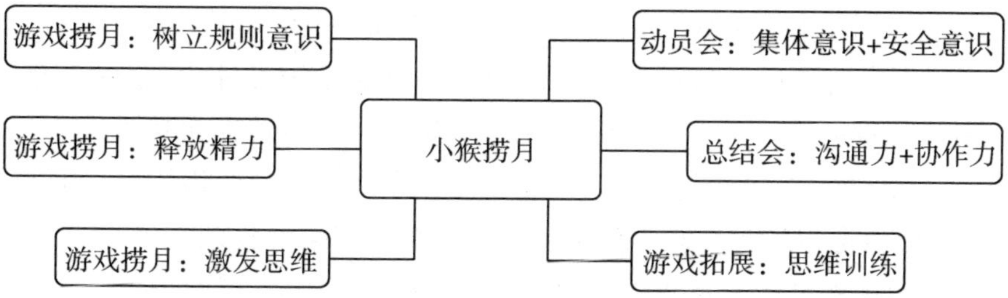

3. 游戏信息表

游戏名称	小猴捞月
适合年龄	7～10 岁
游戏参与者	学生与学生，学生与老师
游戏目的	初步培养儿童的团结协作能力，快速反应能力等
游戏场地	操场、公园草地等空旷处
游戏道具	学生亲手制作的猴子和月亮的头套
游戏时长	自由掌握，可长可短
我的评价	☆☆☆☆☆☆☆☆☆☆

4. 游戏准备

（1）准备 A3 的卡纸，1 张黄色的，2 张绿色的，3 张蓝色的；准备 1 张月亮的彩印图片，2 张小猴的彩印图片及双面胶。

（2）将黄色卡纸用剪刀剪成长条状，并用双面胶粘贴成一个与学生的头部大小相当的环形，并将月亮图片粘贴在环形上，月亮头套就完成了。小猴头套的制作同上述步骤。在制作过程中，请学生思考怎样才能把卡纸剪成环形。

（3）准备一个计时器，设置 30 秒、60 秒和 90 秒的闹铃。

（4）如果学生能够动手画月亮和小猴，可以鼓励他们尝试。这样就不需要教师打印月亮和小猴的彩图了。

5. 游戏规则

（1）先选一个学生当月亮，再选两个学生当小猴子，其他小朋友则手拉手围成一个圆圈当水井。

（2）当月亮的学生站在“水井”里，当小猴子的两个学生则站在圈外，游戏开始。

（3）围成圈的学生按逆时针方向一边转圈一边唱儿歌：“小月亮，晃悠悠，乐得小猴翻跟头；小月亮，快快跑，小猴捉住不得了！”

（4）唱完儿歌后，当小猴子的两个学生迅速钻进“水井”，手拉着手去捉当月亮的学生。“月亮”只能在圈内逃跑躲闪，一旦被捉住就要说出一个带“月”字的成语，或者诗句，或者表演一个小节目。然后，由当月亮的学生指定三个人中由谁担任月亮和小猴子的角色，游戏重新开始。

（5）在难度系数不同的情况下，游戏有不同的规则：

难度系数 1.0，在 90 秒以内，当“月亮”被“小猴”抓住时，“月亮”要说出一个含有“月”字的成语。

难度系数 2.0，在 60 秒以内，当“月亮”被“小猴”抓住时，“月亮”要说出一句含有“月”字的诗。

难度系数 3.0，在 30 秒以内，当“月亮”被“小猴”抓住时，“月亮”要讲出一个关于“月亮”或“猴子”的故事，也可以唱含有“月亮”或“猴子”的歌。如果在 90 秒内，“小猴”抓不住“月亮”，“小猴”们就要合作完成成语接龙。

（注：教师可录制玩游戏的视频，事后给学生看他自己的表现，再进行第二次训练。当“月亮”被“猴子”抓住时，如果没有说出符合相关要求的成

语、诗句等，可采用淘汰制；如果上课时间到了，学生还不愿意结束游戏，教师可以说："该上课了，如果你们上课认真，作业完成得又快又好，我们明天接着玩儿。"这样给学生多一份期待。)

6. 注意事项

（1）玩这个游戏，需要学生们穿运动鞋，以免摔跤；可适当做一些热身运动。

（2）扮演小猴子的两个学生捉"月亮"的时候必须手拉着手，所以最好是身高体重差不多的学生，奔跑过程要注意安全。

（3）"月亮"只能在学生们围成的"水井"里跑，跑到外面就输了；围成圈的学生（即扮演水井的学生）按逆时针方向一边转圈一边唱儿歌。

（4）把握好学生的兴奋点，尽量在上课前两分钟结束游戏，不影响上课。

（5）在游戏过程中，教师耐心指导，适当夸奖，不要打击学生。

二、游戏点评

这个游戏具有以下特点：

1. 引导学生树立规则意识

小学低年级的学生活泼好动，秩序感较差，缺乏一定的规则意识。而在小学阶段，游戏是培养学生规则意识的良好途径和手段。把课间利用起来组织学生玩"小猴捞月"的游戏，学生们在遵守规则进行游戏的过程中，感受到只有遵守规则才能让游戏顺利进行。

2. 帮助学生释放精力

小学阶段的学生大都精力旺盛，课间是他们释放精力的重要时段。"小猴捞月"的游戏既符合学生活泼爱玩的天性，又能达到让学生缓解疲劳的目的，还能促进他们的身体健康发展，愉悦身心，一举多得。

3. 提升学生的思维能力

学生在游戏时会遇到各种问题，这有益于提高学生解决问题的能力。如在游戏"小猴捞月"中，为了让游戏能够继续，并使自己成为游戏的胜利者，学生往往能"玩中生智"，对遇到的问题或困难做出思考和分析，最终解决问题。

三、案例分享

"小猴捞月"，在课间玩出趣味

低年级的学生活泼好动，总喜欢在课间追逐打闹。学校发现问题后就明令禁止学生在教室或走廊奔跑打闹。学生们被批评了，奔跑打闹现象逐渐减少，在课间教室里也安静了许多。不过，我还是希望听到学生们欢声笑语的声音，于是在班里做了简单的调查：课间同学们都喜欢玩什么？学生们七嘴八舌地表达自己的想法，其中选择"游戏"的最多。刚好那段时间刚学了《猴子捞月亮》这篇课文，在课上带领学生表演过课文中的故事，学生们对此兴趣很高。于是我跟学生们讨论，大家一致认可将"小猴捞月"作为课间十分钟的游戏。

于是我们制订游戏规则，并熟悉流程。接着，我们利用班会课时间一起准备道具。全班学生分为 4 个组，分工合作。制作道具时，擅长绘画的学生负责画小猴和月亮，我指导如何将其粘贴好。开始游戏时，按照小组编号的顺序进行。有时为了激励学生在课堂上积极表现，我让课堂上表现好的小组先玩。

在游戏的过程中，我引导"小猴们"齐心协力，劲往一处使，才能抓住"月亮"。课间游戏不仅有益于学生之间的情感交流，密切同学间的关系，还有益于师生间关系的和谐。之前学生们在课间都是各玩各的，很少有集体的活动，而且除了课堂上外，师生相处的时间也是有限的。自从开始玩这个游戏后，学生之间更团结了，师生间也有了更多的欢声笑语。

在游戏过程中，学生们参与的积极性很强。当任务失败被惩罚时，他们也能积极应对，而我站在一旁，提醒他们已学过的成语、古诗和故事，让我们一起走进了故事情境！

四、游戏感悟

童言稚语

我和同学们一起玩"小猴捞月"的游戏时，我当月亮，有的同学当猴子，有的同学手拉着手围成一个圆圈当水井。根据游戏规则，我们在游戏开始之前就积累了很多关于"月"的成语、古诗和故事。这个简单又好玩的课间游戏，不仅丰富了我的课间生活，还让我学到了很多成语和诗句，如花好月圆、海底捞月等，同时还培养了我们的团结协作能力。这个游戏的不足之处就是参与游戏的小伙伴不能太少，还需要比较宽阔的空地，不能在家里和爸爸妈妈一起玩。

荒岛求生

深圳市福田区益田小学　杨梦梅

一、游戏介绍

1. 游戏目标和适用性

这个游戏适用面很广，可以在学校进行，也可以在家庭或者其他团体中开展。游戏场地的可选择性也比较大，室内、室外，只要有空地均可。这个游戏的目的在于快速增进孩子与他人之间的互动，提高孩子肢体的灵活性，让孩子在感受快乐的同时发展团队合作的能力。这个活动也适用于新的班集体建设，能够尽快拉近学生之间的距离，提升班级的凝聚力。

2. 功能导图

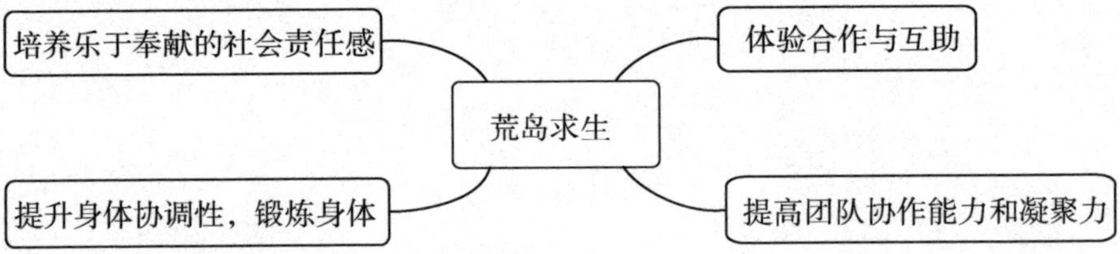

3. 游戏信息表

游戏名称	荒岛求生
适合年龄	7～12 岁
游戏参与者	家长和孩子，孩子和孩子，家庭和家庭
游戏目的	引导学生体验团队合作和同伴之间的相互支持，提高团队协作能力和凝聚力，培养学生乐于奉献的社会责任感
游戏场地	室内、室外空旷处
游戏道具	每组各一块毯子（90 厘米×200 厘米）、气球
游戏时长	自由掌握，可长可短
我的评价	☆☆☆☆☆☆☆☆☆☆

4. 游戏准备

（1）创设游戏情境：我们是一群小蚂蚁，暴风雨来了，雨水很快冲毁了我们的家。我们奋力游上了一片片漂浮在水上的树叶，刚刚松口气却发现，树叶这一面上沾满了毒液，大家要齐心协力把叶子翻过来，才能渡过难关。

（2）活动前检查地面，确保地面和毯子之间有足够的摩擦力，以免毯子打滑导致参与者受伤。

（3）介绍规则时，可以采用播放视频或现场示范的方式进行，以确保学生都能理解活动要求。

（4）活动前，建议各小组选出组长和副组长，由他们组织组员商议活动计划，并带领组员按计划行动。

5. 游戏规则

（1）按 4 ~ 8 人为一组，将全体成员分为若干个小组。

（2）教师拿出小毯子发给各小组。

（3）各组成员都站上小毯子，要求参与者身体的任何部位都不能接触毯子以外的地方，包括地面和其他物品，否则游戏重新开始。

（4）能最快将毯子顺利翻转，且毯子平整的小组，为获胜组。

（5）在难度系数不同的情况下，游戏有不同的规则：

难度系数 1.0，各组成员就在毯子上协商完成“树叶”翻转；

难度系数 2.0，各组成员在完成“树叶”翻转的过程中不能用语言交流；

难度系数 3.0，给每组加一只气球作为“蚂蚁家族”的食物，在“树叶”翻转过程中要避免让气球落地。

6. 注意事项

（1）确保每个毯子的大小相同，以保证游戏的公平性。

（2）参与者需穿轻便、有弹性的服装和舒适防滑的运动鞋。

（3）在给学生分组时，注意组间同质、组内异质。

（4）先完成任务的小组可为其他未完成的小组加油鼓劲，也可给予指导，但不可参与。

（5）根据气球在传递过程中易随风飘的特点，注意选择无风的场地进行活动。每组使用的气球颜色可不相同，五颜六色的气球还能增加游戏的趣味性。注意气球不要吹得过大，以防爆炸。

二、游戏点评

“一个篱笆三个桩，一个好汉三个帮。”小学阶段是培养学生社会性的重要阶段。作为社会中的个人，不论是在生活中、学习中，还是在游戏中，我们都需要团结合作。合作不仅可以帮助他人解决问题，也可以让自己收获思考和经验，获得成长。当我们通过互相支持、团结协作完成任务时，就能感受到合作为我们带来的意义，并与同伴们共享成功的喜悦。

这个游戏有以下特点：

1. 通过创设富有趣味和挑战性的情境，激发学生参与游戏的兴趣。在强烈的情感体验中，学生们更愿意主动尝试、克服困难、迎接挑战，并享受成功的喜悦。

2. 在真实的活动情境中，启发学生认识到遵守规则的必要性，用学生体验代替教师说教，可以取得更好的教育效果。

3. 这个游戏可以增进学生的自我认识和对他人的理解、信任，使他们能够互帮互助，增强团队凝聚力。

三、案例分享

我的“第一课”

这学期，我带的社团课又要招新了。又会遇到哪些可爱的新面孔呢？我非常期待。

周一的社团课到了，我怀着激动的心情来到了教室，果然大多是陌生的面孔。一轮自我介绍过后，我对学生们已经有了大致的了解，学生之间也熟悉了许多，是时候来一次“破冰之旅”了。

我带领同学们来到一个宽阔的场地，拿出事先准备好的道具——5 个毯子。学生们看到这个神秘道具，都激动不已，小声地猜测我葫芦里到底卖的是什么药。

我清了清嗓子，说：“从现在起，你们都是小蚂蚁了，作为一只蚂蚁最怕什么？”大家七嘴八舌地说：“怕大象！”“怕下雨！”……我故作神秘地说：“可不是吗？现在天空乌云密布，大雨马上就要来了……”我开始绘声绘色地营造氛围，学生们完全沉浸在了故事情境里。接着，我介绍了游戏规则，请两个同学和我一起做起了示范，随后问道：“同学们都会玩了吗？还有没有不清楚的地方？”大家异口同声地说：“会啦！”看到学生们跃跃欲试的神情，我们开始分组，8个人一组，全班刚好被分为5个小组。

“小蚂蚁们”纷纷站在了“树叶”上。一声令下，游戏开始。

只见第一组的学生七嘴八舌地说：“快，我们站到这边，把毯子翻过去。”但是怎么翻呢？大家却有不同的意见。经过一番探索，他们终于发现翻“树叶”的角度也很重要，这样才能让“蚂蚁们”既能站上去，又能继续翻动其他部分。组长这时候站了出来说：“我们先请小宇做第一只勇敢的蚂蚁吧！”大家的目光聚集到了小宇的身上，果然小宇不负众望，身手敏捷，他轻松踩在翻转的“树叶”一角，慢慢挪动，把这一角越拉越大，其他“蚂蚁”开始慌了，大家紧紧靠在一起，你拉着我，我抱着你，生怕一不小心掉进“水”里，小心翼翼地寻找可以落脚的地方。

我望向第二组，第二组的“树叶”也已经翻了一半，学生们正努力地保持着平衡，由前面的学生蹲下去挪动“树叶”，这就使得“树叶”上的空间越来越小，有的学生只能单腿站立，摇摇晃晃，一不小心摔倒了！……他们只能重新开始。这一组的学生十分沮丧，虽然他们很焦急，可还是互相鼓励：“没关系，咱们再加油！”

经过各种尝试和努力，第四组率先翻过去了，大家激动地击掌庆祝，然后又跑到其他组积极地传授起了成功的经验。

终于，同学们一组又一组地都完成了游戏。游戏结束后，我让学生们围成一个圈坐了下来，引导他们思考：“你们觉得玩这个游戏能最终胜利的关键是什么？”有同学说：“是团结合作。”我也笑着说：“果然，大家好才是真的好啊！”大家都哈哈大笑着表示同意。

随后，我们又把难度升级玩起了无声版的“荒岛求生”。这一次，因为有了之前的经验，同学们都玩得非常开心。活动结束，大家约定：下次再挑战难度更大的版本——有气球加持的“保卫粮食”。

四、游戏感悟

1. 童言稚语

游戏虽然结束了，但是友谊却刚刚开始。今天第一次上社团课，原本彼此都很陌生的同学，却因为一个小游戏熟悉亲近起来，成了好朋友。课上，老师把我们带出教室，说要玩一个叫“荒岛求生”的游戏。哇，光听游戏名，同学们就眼睛放光，兴奋起来了：“是要在这小小的校园里开始一场大探险吗?”大家纷纷小声议论道。听老师介绍完游戏规则后，大家恍然大悟，原来是要挑战“不可能”啊！还好，一定难不倒我们。

在我们组“智多星”组长的带领下，大家迅速行动，有人负责翻毯子，有人负责维持队形，其他人根据指挥挪动位置。这时候我发现，我脚下的空间越来越小了。此时，“树叶”又挪了一下，就在我快要摔倒的时候，一只有力的手一把拽住了我的胳膊，我慌忙回过神，向他投去感激的目光，我们相视一笑。果然，最后我们组在大家共同的努力下，顺利完成任务。

平日的我不善于表达，总是认为班级中别人跟我并没有什么关系。这次在游戏中，我们一起经历了挑战，克服了困难，实现了目标，我发现原来合作还有这么大的力量：一个人不可能完成的目标，通过一群人的努力，竟然真的可以实现，这感觉真是太好了！

2. 家长感言

“小蚂蚁”也有大作为

现在许多孩子都是独生子女，在家里习惯了一个人独处，也习惯了从小就受到来自所有人的照顾。虽然他们可以适应班级的集体生活，但是对他人常常缺乏理解和共情，“团结”一词也总是停留在口头上。

那天，孩子回来很激动地跟我们讲起了他课上参与的这个活动。从孩子激动的言语中，我知道他终于认识到了团结合作的价值。这个游戏赋予了每只“小蚂蚁”以使命——翻转“树叶”赢得生存的空间，拯救“蚂蚁家族”。其实拯救别人也是拯救自己。当一只只“小蚂蚁”愿意为了集体的目标，互相体谅、彼此帮助时，他们就成为一个有着无限潜力的、可以撼动大树的集体，而他们自己也获得了成长。唯有体验才能永恒，愿孩子们会一直记得这一课带来的感动和力量。

小老鼠偷油

深圳市福田区黄埔学校　马伟

一、游戏介绍

1. 游戏目标和适用性

这个游戏适用于5岁以上儿童，需要多个家庭组队共同参与，游戏时长最长10分钟，在室内或室外都可以进行。在这个游戏中，学生通过跑跳和反应性的决策，发展跑跳能力和反应能力，提高身体协调性，通过与其他同学合作培养团队合作意识。除此之外，学生在参与游戏时能够提高对体育的兴趣，在运动中感受开心与快乐，改善情绪，培养坚持体育锻炼的习惯。

2. 功能导图

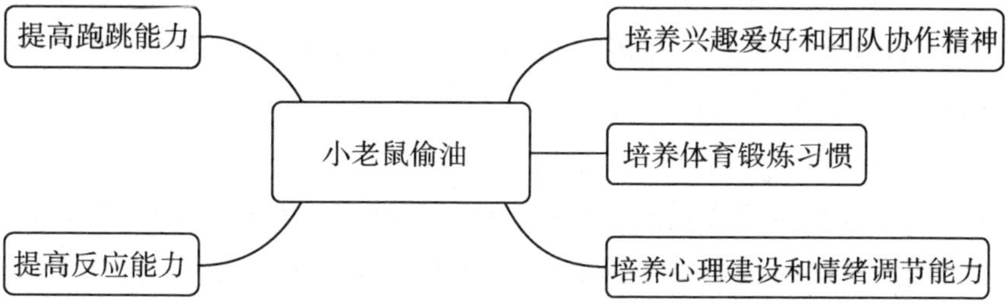

3. 游戏信息表

游戏名称	小老鼠偷油
适合年龄	5岁以上
游戏参与者	孩子和孩子，孩子和家长，家庭和家庭
游戏目的	培养孩子的团队精神、身体协调性、反应能力、快速跑动能力
游戏场地	室内或室外的空旷场地
游戏道具	油桶5个（大1，小4），乒乓球若干，糖果若干
游戏时长	5～10分钟
我的评价	☆☆☆☆☆☆☆☆☆☆

4. 游戏准备

（1）把学生分成人数相等的组（组数由人数的多少来定）。将参与比赛的小组按十字形安排，每个十字形安排四组，四组分别站在十字形的四个起始端。

（2）在十字形的每个起始端各放一个空的小油桶，在中心处放置一个大油桶，大油桶内装若干个乒乓球或者若干颗糖果（户外的话，可以直接将乒乓球或者糖果堆在一起或用自制道具圈起来，起始端可以在地上用树枝圈起来）。

（3）起始端距离大油桶的距离为 15 米（可根据参与者的年龄大小来更改距离），每隔 5 米设置一个障碍，第一个障碍是跳小跨栏（高 15 厘米），第二个障碍是钻大跨栏（高 1 米），中间也可以加入跳绳 5 次（户外可以利用树枝做中间的障碍，多摆几排，直接跳跃也可以，可以定单脚跳或双脚跳）。

5. 游戏规则

游戏开始后，站在起始端的学生越过障碍物将大油桶中的乒乓球（或糖果）取出（每次只能取一个），再从障碍物侧面快速返回起始端将乒乓球（或糖果）装入小油桶（或放在固定地点），同时与下一名队员击掌进行接力，下一个同学依次进行。在规定时间内，小油桶中乒乓球（糖果）数量多的一方获胜，依次排名进行奖惩。

6. 注意事项

（1）通过障碍时动作规范，如并脚或单脚跳过小跨栏，俯卧通过大跨栏。

（2）可用衣物对大跨栏架外面进行包裹，防止学生受伤。如果觉得大跨栏架具有危险性，可用其他软的镂空物替代。

（3）学生听口哨开始游戏，注意安全，遵守游戏规则。

二、游戏点评

1. 提高参与者的跑跳能力

学生在游戏中跳过小跨栏，能够锻炼身体的协调性和灵活性，增加膝关节、踝关节的联动能力。

2. 提高参与者的反应能力

在快速跑动中，学生通过钻大跨栏，可以提高身体的反应能力和敏捷性。

3. 培养锻炼身体的兴趣爱好

跑步是学生体育活动的基本项目，只是单纯的跑步相对枯燥无味，通过创设游戏活动可以调动学生跑跳的积极性，让学生体验体育游戏带来的快乐，从而培养锻炼身体的爱好。

三、案例分享

游戏结束后，兴奋的学生们久久不愿离去，争着喊着要再来。游戏的过程也让我回味无穷：比赛一开始，学生们就兴奋起来，都说自己是最棒的，大喊着要打败对手。经过两轮比赛，学生们虽然累得满头大汗，但直呼过瘾，还要继续挑战。我让优胜组分享成功的经验，他们说要找准跑进的时机，当越过障碍物的时候接跑过去，其他孩子听了后若有所思，也纷纷开始研究战术，以更好地打败对手并获得胜利。奔跑是体育活动中最基本的活动方式之一。低年级的儿童在日常生活、学习和游戏中都离不开奔跑。只是，如果我们的活动是单一的跑步，则会影响学生练习的积极性。我利用学校现有器材创编了奔跑类游戏，学生也对游戏产生了极大的兴趣，每个人都积极参与，乐在其中。

四、游戏感悟

1. 童言稚语

原来大家在一起玩游戏的快乐是其他任何事情都给予不了我的。游戏中发生了很多意想不到的趣事，即使过了几天后，回想起那个场景，我也会不经意地笑起来。在游戏中，我还认识了很多新的朋友，我真的好开心。

2. 家长感言

加强体育锻炼　远离电子产品

周末，我们家长陪伴孩子的方式一般就是看电视或玩手机。自从孩子在学校体育课上玩过这个游戏后，在家里我们也经常一起玩这个游戏，而且玩得十分开心。后来，我们给这个游戏增加了难度，如提高限时速度，增加障碍难度，或者是增加益智性文字障碍等。孩子在游戏中非常兴奋，也非常积极，每次胜利后都和妈妈抱在一起。

这个游戏既让孩子锻炼了身体，又促进了家庭成员之间的和谐，父子之间的紧张气氛也得到了缓和。孩子不再沉迷于玩电子产品，我们之间的话题也转移到了游戏上，如怎样能赢，怎样能巧妙地让团队得分……孩子说起这些眉飞色舞，使得我们也想加入其中。

就在春季踏青赏花之际，我们来到公园，听孩子指挥把家人分成两组，在户外玩起了这个游戏。全家人的注意力也从电子产品转移到游戏上来。

其实，与其说是我们在教养孩子，不如说是孩子在促使我们思考和进步。游戏带来的家庭成员的反思使我们紧张的亲子关系得以缓解，也改变了我们的生活方式。

两人三足

福田区外国语学校　付金秋

一、游戏介绍

1. 游戏目标和适用性

这个游戏可以在学校操场、户外公园，或是团队训练的场地内进行。这个游戏不仅场地易找，适用人群也很广，从幼儿园大班开始，孩子们就可以简单地两两组队玩这个游戏。在游戏中，孩子们不仅可以快速打破之间的陌生感，还能通过游戏强化集体凝聚力。此外，孩子们在一起游戏时为队友加油、欢呼，也能够使紧张的情绪得到放松。

2. 功能导图

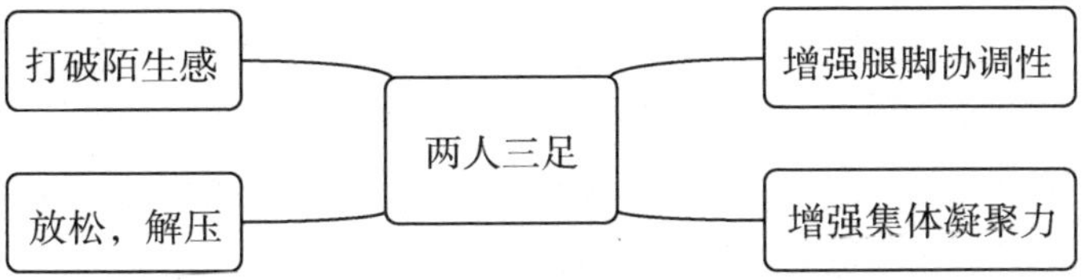

3. 游戏信息表

游戏名称	两人三足
适用年龄	5 岁及以上
游戏参与者	孩子和孩子，家长和孩子
游戏目的	培养孩子的身体协调性和集体协作精神
游戏场地	操场、公园草地等空旷处
游戏道具	10 条绑带
游戏时长	10 +5 分钟
我的评价	☆☆☆☆☆☆☆☆☆☆

4. 游戏准备

（1）购买10条游戏专用绑绳，也可以利用家中的旧衣物裁剪出布条来作绑绳。

（2）选择合适的场地，建议在足球体育场内举行比赛。

（3）比赛距离为50米，终点线后必须留出大于10米长的地面空间做缓冲。

（4）在终点线后5米处设置安全垫，供队员冲刺后做减速缓冲保护。安全垫可以用跳高或是仰卧起坐的垫子来代替。

（5）赛前积极动员，如有个别同学因身体原因不能参加，也要为其分配相应的活动任务，如计时、加油助威、护送意外受伤的同学等。因为这是一个提高集体凝聚力的活动，应尽量让所有人都参与进来。

（6）赛前活动主办方将比赛规则和注意事项都要讲解清楚。

5. 游戏规则

（1）在游戏前，每队安排4至8名队员，选出一个队长，起一个能够体现本队特点的队名，确定本队的参赛口号。

（2）比赛时，两人一组，相邻的两只脚绑在一起；绑绳的位置不能高于膝盖，也不能低于脚踝。

（3）裁判发出"预备"口令后，所有参赛队员做好准备；发出"开始"口令后，连成一体的队员并排向前冲。若是抢跑，比赛成绩不算。

（4）比赛从起点处出发，至对面标志处返回，返回到起点处再将绳子解开交给本队的下一组队员进行比赛。

（5）最后以各队完成任务时间的长短进行排名。

（6）在比赛过程中，如果绳子脱落或者是参赛队员摔倒，则必须快速重新结对，并在绳子脱落处或是摔倒地点重新开始，期间不停表，重新结对的时间也算在总成绩里。

（7）比赛过程中，若是队员之间发生争执，则直接取消参赛资格。

（8）比赛宗旨：团结你我，友谊第一，比赛第二。

（9）在难度系数不同的情况下，游戏的规则也是不同的：

难度系数1.0，每次每队派出2名队员，2人3足比赛；

难度系数2.0，每次每队派出4名队员，4人5足比赛；

难度系数3.0，8名队员全部参赛，8人9足比赛。

6. 注意事项

(1) 队员在参赛前要系好鞋带，将身上的饰品以及口袋里坚硬的物品取出，以免摔倒时伤到自己。

(2) 在参赛前一定要做好热身运动。

(3) 绑绳要绑在小腿位置，要松紧适宜，过紧或过松都容易导致摔倒。比赛前再次检查绑带是否绑好。

(4) 每组参赛队员都要确定好口号，如“1，2，1，2”，或是“左右左右”，大家依照口号，调整步调。

(5) 比赛过程中，可以把手搭在旁边队员的肩膀上防止摔伤。

二、游戏点评

1. 游戏提高集体凝聚力

提高学生的集体凝聚力在班级管理中一直处于十分重要的地位。平日里，教师的口头说教是很难触动学生内心的。所以，集体凝聚力的培养还要靠同学们身体力行的协作。当大家共同完成一项任务时，就会为了共同的目标努力拼搏。

不像篮球赛、足球赛那样对参赛队员有专业素养的要求，只要身体没有不舒服，人人都可以参加“两人三足”的游戏。在游戏中，同学们以小组为单位，推选队长，商量口号，互相帮忙绑腿，练习默契，鼓劲冲刺，把注意力都放在如何使自己的队伍在最短的时间里安全到达终点上，从而放下了之前与同学间的摩擦、误解。比赛后，不管是分享胜利，还是面对失败，学生们都有了共同的体验和话题，他们也就能自然而然地共情了。

2. 游戏使学生快乐加倍，压力减倍

进入小学，尤其是三年级后，学生们随着年龄的增长，有了成长的烦恼，同时学习的压力也大了起来。“两人三足”游戏可以实现全班同学一起玩，达到释放压力，放松心情，忘记烦恼的目的。

三、案例分享

脚捆在一起，心贴得更近

随着孩子的年级越来越高，他和我们家长在一起的时间越来越少。好不容易坐在一起的时候，好像除了谈论一下吃喝、学习外，就没有什么好聊的了。孩子嫌我的话题老旧，我也不理解他们的游戏，就只能各玩各的，母子变成了最熟悉的陌生人。

周一班会课上，教师组织孩子们玩“两人三足”的游戏。我从班级群里的照片和视频中看到他们手搭在对方的肩上，口号喊得非常齐整，玩得很开心。孩子放学回家后，我试探着问孩子今天班会课上的游戏好不好玩，孩子难得地对我打开了话匣子，绘声绘色地讲着今天班级的比赛情况。我看孩子一副意犹未尽的样子，就说：“妈妈以前也玩过这个游戏，要不这个周末叫上小明（孩子好朋友的化名）一家，我们去隔壁公园也比赛一场。”孩子欣然同意。

第二天，孩子一放学，就问我周末比赛活动准备得怎么样了。趁着这股热乎劲儿，我们一家在晚饭后找来旧衣服，一起裁剪绑腿的布条，之后又找出口哨、野餐垫等。接着，我们一起商量比赛的口号，你一言我一语的，好不热闹！接下来，孩子一有空就和我聊比赛策略，要不就缠着我和爸爸绑上腿绳在家练习。就这样，我们配合得越来越默契。周末的那场比赛如期进行，两个孩子都玩得很开心。而我们，拉近了和孩子的亲子关系，更是开心。

四、游戏感悟

1. 童言稚语

“两人三足”是我第一次和全组同学一起玩的游戏，我们的口号是“赢的就是你”。赛前我们练习了两次，在比赛中虽然有位队员摔了一跤，耽误了一点时间，但我们组最后还是获得了小组第二的成绩，赢得了全班的掌声。以前，我总觉得我们组的其他几位同学不靠谱，所以平常也不爱和他们一起玩。但这次比赛，让我发现了他们闪光的一面，他们也会为了小组的荣誉拼尽全力。我的这道心门，现在打开了，我们组里成员的好多误会也都解开了，相信我们组会变得越来越好！

2. 家长感言

真没想到孩子一下子又愿意缠着我，和我一起聊天了。游戏后，我们坐在一起休息，孩子很自然地和我聊起了班里的事情，聊他最近看的书，还有自己对一些事情的看法，我们又成了亲密无间的母子。“两人三足”游戏帮助我和孩子跨过了我们之间的隔阂。

渔网捕鱼

深圳市福田区益田小学　刘一贤

一、游戏介绍

1. 游戏目标和适用性

这个游戏适合在班级全体学生中进行，不仅能够培养学生的信息搜索能力、知识记忆能力与合作探究能力，还对提高学生的身体协调力、沟通力有较明显的效果。这个游戏需要在班级同学之间相互有一定了解的基础上进行。通过分工合作、小组探究等发掘每个人身上的闪光点，并提供机会让同学们进行展示。通过这个游戏，同学间的关系更加密切，班级凝聚力显著提升。

2. 功能导图

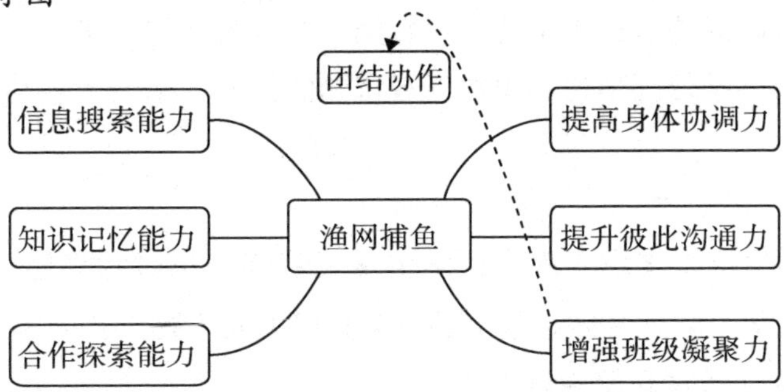

3. 游戏信息表

游戏名称	渔网捕鱼
适用年龄	7～12 岁
游戏参与者	学生和教师
游戏目的	将运动与古诗词学习相结合
游戏场地	操场、公园草地等空旷处
游戏道具	小箱子（里面装有“月”“花”“秋”“春”等字的纸片）
游戏时长	不限
我的评价	☆☆☆☆☆☆☆☆☆☆

4. 游戏准备

（1）教师指导学生量好纸箱长、宽、高的尺寸，在这个过程中，引导学生知道如何用最节省卡纸的方式制作纸箱。

（2）学生回忆、总结哪些字是在成语或诗句中出现频率比较高的，写在纸片上。

5. 游戏规则

（1）两名学生互相将手掌相对，举过头顶，形成一个“渔网”，其他学生（小鱼）有序排成一列，后面一个同学抓着前面一个同学的衣服后边。

（2）扮演渔网的学生根据教师的要求背诵出从所学的“古诗 70 首”中抽出的任意一首古诗，其他学生在古诗背诵过程中一个接一个地钻过“渔网”。

（3）当古诗背诵完的那一瞬间，扮演渔网的学生将手臂下放收紧，“网”住正在经过的“小鱼”，被网住的“小鱼”从小箱子中抽一张纸片，说出带有纸片上的字的词语、成语或诗句（不可重复之前同学们说过的）。

6. 注意事项

（1）在制作小箱子的时候，使用剪刀要注意安全，避免受伤。

（2）在玩游戏的过程中不能追逐打闹，注意遵守规则。

（3）如遇到某位同学说不出成语或诗句的情况，多给予鼓励，不可嘲笑。

二、游戏点评

为提高学生身体素质，落实让学生每天锻炼一小时的规定，教师可以创新活动方式让学生锻炼身体。这个游戏兼具以下几个特点：

1. 培养学生的信息搜索能力

学生们查找成语或古诗资料的过程就是信息搜索的过程，也是汲取知识的过程。

2. 帮助学生巩固已学知识，拓展课外知识

要想玩好这个游戏，单靠学生们在课内学习的知识是不够的，学生们只有结合学习过的“古诗 70 首”，并辅以在课外拓展学习的内容，才能玩好这个游戏。

3. 培养学生合作探索的能力

将全班学生分成四个大组，给每个大组分配不同的任务，既能促进学生之间的合作，又能促进他们在失败中总结规律，找出问题解决的最佳方式。

4. 提升学生的沟通协调能力

在游戏前，学生们自己协调小组分工，在游戏后，总结自己与小组的优势与不足，学生在这整个过程中锻炼了沟通协调能力。

5. 提高学生身体素质

在游戏过程中，学生们在室外兴奋地跑动、呼喊，同时也锻炼了身体。

6. 增强班级凝聚力

通过这个游戏，学生们增进了对彼此的了解，在合作中感受着同学间的情谊，增强了班级凝聚力。

三、案例分享

分工合作备材料，热火朝天做游戏

利用周五的综合实践课，我跟学生们说了自己的计划。学生们听后，兴奋不已，一个个摩拳擦掌，迫不及待地想玩“渔网捕鱼”的游戏。我把全班同学分成四组，给每组分配不同的任务。第一组搜集资料，寻找在古诗或成语中出现频率高的字；第二组是生字卡片制作组，负责裁剪卡片，并将第一组寻找到的生字工整地写在卡片上；第三组查找资料，需要找出制作纸箱最节省纸张的方式；第四组负责根据第三组提供的方案制作纸箱。

周二下午的阳光体育活动时间，学生们早已做好游戏的准备。根据之前的安排，同学们选出了两名同学当“渔网”，其他同学当“小鱼”，游戏按照计划顺利进行了起来。其中，最有意思的是说诗句的过程，有些被“网住”的同学记不起带某字的诗句，其他同学纷纷小声提示，恨不得自己帮他们上场。其他班级的孩子看到我们班同学玩得热火朝天，纷纷被吸引过来，也不自觉地加入了背诗的行列……

四、游戏感悟

1. 童言稚语

今天，老师说下次的阳光体育活动带我们玩一个特别的游戏，我们都赶紧竖起了耳朵，认真听老师的讲解，无比期待阳光体育活动的到来。根据老师的安排，我被分配到了第一组，准备诗句中出现次数较多的字。通过搜索，我为这项游戏准备了“春”“花”“酒”“月”“风”“云”这些字，根据我的经验，很多诗句中都有以上字眼。为了更好地帮助同学们玩游戏，我还在网上查阅了更多的诗句，尝试着背诵了许多与这些字相关的诗句，别说，自己的收获还真不少，希望同学们都能说出带这些字的诗句。

到了周二，我们的游戏终于开始了。游戏刚开始的时候，同学们都能说出诗句，但是渐渐地，简单的诗句被说完了之后，后面的诗句就难倒了不少同学，我默默期待着下一个被“网住”的是我。说来就来，我拿出了我的“存货”，大声地背诵了《春江花月夜》中的“春江潮水连海平，海上明月共潮生”的诗句，同学们欢呼起来，老师也给我竖起了大拇指，我的心里美滋滋的。

时间过得真快，不知不觉就到了回家的时间，我们这群“小鱼儿”“游”得头都晕乎乎的，脸上都淌起了汗珠，声音都喊哑了，但是却一点儿都不想结束游戏。放学铃声一遍遍催促着我们，我们才恋恋不舍地背起书包排好队回家，跟老师约定好下次阳光体育课还继续玩。

2. 家长感言

家长A：“妈妈，你能说出带有‘春’字的诗句吗？”以前面对孩子的问题，我还能轻而易举、不假思索地回答出来，但是随着孩子的长大，有些问题我就常常回答不上来了。这次的问题又难倒我了，问了孩子，才知道他要为一个集体游戏做准备，需要搜集一些资料。我转念一想，何不和孩子一起去查找资料呢！于是，我们翻书的翻书，上网的上网，看着平时从未对什么事情那么上心的孩子，翻箱倒柜把落了许多灰尘的《唐诗三百首》翻出来，还将一些少见的古诗记录下来并背诵，我挺开心的。

家长B：我欣喜的是孩子能通过自己的努力去寻找问题的答案，高兴的是看到孩子为了实现集体目标努力和奋斗的决心。感谢老师设计的集体游戏，它既能锻炼孩子的身体，又能促进孩子发掘自己身上的潜能，真是一举两得。

家长C：饭后，我喜欢跟孩子聊一聊班上的事情。今天孩子绘声绘色地告诉我阳光体育课上玩的游戏，还说他利用自己的古诗词积累为小组争了光，帮助小组获得了最后的胜利。希望这份快乐能永远留在他的心间和脑海，为他的童年生活增彩。

搭桥过河

深圳市福田区园岭教育集团园岭外国语小学　赖建梅

一、游戏介绍

1. 游戏目标和适用性

这个游戏道具简单，规则易懂，可操作性强；不仅有趣好玩，还能保证孩子们的安全；适合在宽阔平坦的场所开展，如学校操场、公园草地等，适应性广。游戏既能激发孩子们的竞争意识，也可以锻炼他们的团队统筹能力和协作能力，增强他们的集体合作意识。此外，在校内，本游戏能增进同学之间的交流和友谊；在家庭中，则能增进父母与子女之间的互动和感情。

2. 功能导图

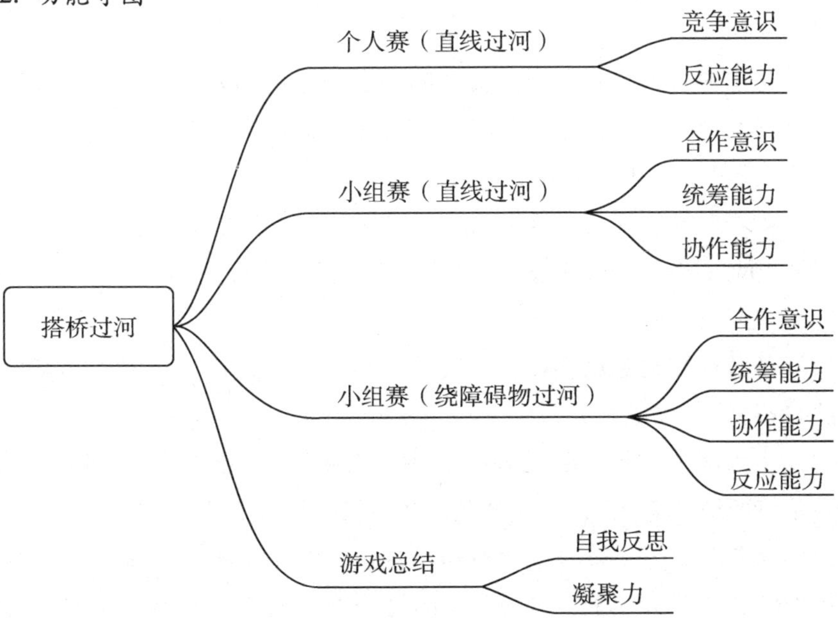

3. 游戏信息表

游戏名称	搭桥过河
适合年龄	6～12 岁
游戏参与者	孩子和孩子，家长和孩子
游戏目的	初步培养孩子的团队协作能力
游戏场地	学校操场、公园草地等平坦空旷处
游戏用具	硬纸板、雪糕筒、粉笔、计时器
游戏时长	10 分钟 + 5 分钟
我的评价	☆☆☆☆☆☆☆☆☆☆

4. 游戏准备

（1）游戏道具要提前准备充分：粉笔、计时器，石头用硬纸板代替，障碍物用雪糕筒代替。

（2）用粉笔提前画好一个长 20 米的区域作为“河流”，起点处、终点处和障碍物处的曲线路径要提前标记清楚。障碍物路径的设置要符合队员们的挑战强度。

（3）选出参赛人员：参赛队员之间的实力不可相差太远，小组分配时要注意男女搭配，动静结合。个人赛时参与比赛成员不少于 3 人；小组赛时参与比赛队伍不少于 2 队，每队人数须均等（如各 4 人）。

（4）参赛队员须提前了解和熟悉游戏规则，可先体验一遍（热身）。

（5）赛前要进行心理建设：友谊第一，比赛第二；不论输赢，乐在过程。

5. 游戏规则

（1）各队员站到起点线外，也就是“河”的一边，主持人向其发放一定数量的“石头”（硬纸板）。

（2）个人赛中，每位队员各持两块“石头”；小组赛中，小队长（站第一位）手持两块“石头”，后面的队员各手持一块“石头”。

（3）比赛开始后，第一位“过河”的选手先往“河中”铺一块“石头”，接着跨步踩在“石头”上，再把手中的另一块“石头”往前铺，然后跨步往前站。接下来，个人赛选手继续捡起身后的“石头”往前面铺（先铺再站后捡）；小组赛选手则逐个往前站，不断地向第一个选手传递“石头”（先铺再站后捡再递）。

（4）绕障碍物过河的小组赛中，选手们还需要按地上标识的曲线路径将“石头”向前铺进。不可跨过障碍物（即雪糕筒）前进，必须按照指定路线绕行过去。

（5）如此往复，途中选手的身体部位不可触地，谁（哪一队全部选手）先到达“河对岸”（终点），谁（哪一队）就是胜利者。

（6）比赛过程中，队员们的两只脚只能踩在“石头”上，不能“沾水”（即不能着地）。如有队员的手或脚触地了，都视为犯规。触地一次，增加10秒用时。

（7）铺的“石头”要注意不能相距太远，队员们不能跳跃式前进。

（8）难度系数不同，游戏的规则也不同：

难度系数1.0，是个人赛，参与人数为4～5人，直线过河。选手们手持两块“石头”站在“河边”（起点线外），比赛开始后，选手们各自“先铺再站后捡”，如此往复，谁先到达“河对岸”（终点），谁就是胜利者。

难度系数2.0，是小组赛，每队4～5人，至少两队，直线过河。两队成员先排好队站在“河边”（起点线外），小队长站第一位，手持两块“石头”，其余队员各手持一块“石头”。比赛开始后，小队长和队员们“先铺再站后捡再递”，如此往复，哪一队全部选手先到达“河对岸”（终点），哪一队就是胜利者。

难度系数3.0，是小组赛，每队6～8人，至少两队，绕障碍物过河。这时的比赛人数有所增加，更考验队员们团结协作的能力，障碍物设置三处，使前进路线变得更曲折，也更具挑战难度。

二、游戏点评

这个小游戏分三个难度等级，能照顾到不同阶段孩子的玩乐需求：个人赛拼的是综合实力和反应能力，小组赛拼的是小队长的统筹能力和全体成员的应变能力。不断地“铺放”“捡起”和“传递”的行为培养了小队成员的合作意识，也在无形中强化了成员之间的默契度。孩子们既在玩中乐，也在玩中学，学习着与人合作，学习着应对挑战。

三、案例分享

搭桥过河，乐在心田

“孩子们，这堂课你们好好表现，咱们把课内知识学好了，下节课我们一起来玩个游戏好吗?”我的话音刚落，原本沉寂的课堂一下子热闹起来，孩子们响亮地回应道：“好!”兴许是未知游戏的吸引，接下来的半节课，孩子们的学习表现果然好了很多。

第二节刚好是体育课，待体育老师把孩子们带到操场热身运动之后，我随机挑选了部分男生和女生，并把他们带到我画定的区域内介绍道：“同学们，今天我们要玩的这个游戏，叫‘搭桥过河’。有人玩过吗?”“没有……”他们疑惑地回答。“游戏规则是这样的，大家要注意听……”听着我娓娓道来，孩子们开始跃跃欲试了。

第一轮是个人赛，小丽等五个孩子手持“石头”俯身站在了起点线外，一副准备冲刺的姿态。随着我一声令下，孩子们迅速铺上“石头”往前跨步，随后出现了各种状况，有人力求更快反而使脚触地犯了规，有人把“石头”铺得太远，转身捡拾时不得不以手撑地也导致犯规……只见小彤稳稳当当地“铺—跨—捡”，最后她成了赢家。

第二轮是小组赛，我选了小丁和小李这两个聪明且具备领导能力的男孩当小队长，之后按照男女搭配、动静结合的原则，选出了两个游戏小分队，小丁和小李各自走到自己的队伍中，边琢磨边调整队伍顺序。队伍排好之后，游戏开始。只见小丁队伍快人一步，“铺—跨—捡”，表现得很有默契，可惜小队长太心急，越往前“石头”铺得越远，以至于后面的女生队员转身够“石头”的时候，一不小心用手撑地面犯规了，结果自然是小李队赢了。比赛结束，小丁队怨声一片，他自己也有些不好意思了。

第三轮是小组绕障碍物比赛，这次我让孩子们自己推选小队长，并由小队长调配成员。或许是有了前两次的游戏经验，孩子们对游戏规则和要点更加清楚了，玩起来也更加得心应手，现场少了一些混乱，多了一些你追我赶的拼劲。“加油！加油!”在周围同学的呐喊助威中，小陈队稳稳地跨出了迈向终点的最后一步，并随即捡起了“石头”，“耶，我们赢啰……”整个队伍发出了响亮的狂欢声。

比赛结束后，我跟孩子们复盘了这几轮小游戏，并告诉他们，玩游戏，玩的不仅仅是心跳，还有更重要的心态，心态好了游戏才能玩好；赛前要清楚规则，要调配好人员，赛中要避免犯规，全力发挥，这样下来好的比赛结果才可能水到渠成。有的同学赛前光顾着兴奋，对比赛规则都不清楚就上阵了，有的小队赛前没有协商好人员调配，赛后才来互相抱怨，甚至指责对方，一副输不起的样子，这些都不是参加游戏应有的态度，孩子们听完后若有所思……我想，这个小小的游戏，带给他们的不只有运动的快乐，还有关于团队合作的思考吧。

四、游戏感悟

童言稚语

学生 A：这个游戏好好玩啊，谁的反应够快谁就赢了！

学生 B：我觉得玩小组赛时，团结合作是最重要的，只要有一个人不守规则，过分心急，都有可能连累集体。

学生 C：第一个人和最后一个人不仅要反应够快，还要有默契才行，千万不要给自己的队员挖坑呀！

后 记

游戏是儿童的天性，是构建儿童精神大厦的砖瓦，他们在游戏中认识世界、发展能力。家庭和学校是儿童成长的两个重要场所，校内互动游戏，有助于提升学生的各种品德和素养；亲子游戏则是家庭生活中亲子互动的重要方式，能够促进家庭氛围的和谐，提升家人的幸福感。

自 2019 年起，我带领工作室成员，围绕如何帮助学生开展课间游戏，帮助家长开展亲子活动，提升小学生品德素养，进行了一系列的课题研究。在课题研究中，我们构建了家庭亲子关系指导策略，总结了亲子关系构建与亲子活动开展的成功经验，汇编了案例集和感悟集。这本书也是课题研究的成果之一。

这是一本适用于家庭和学校的游戏指南。书中收录的游戏，记录了我和工作室全体成员从教以来对课间游戏、亲子互动的探索与成果，对教育的实践与感悟。

感谢市、区教育部门的大力支持，感谢深圳市福田区外国语教育集团（福保）校领导的积极指导！“独行快，众行远”，感谢工作室各位成员积极分享教育智慧，携手探索儿童成长的密钥，并在工作中积极反思、总结，汇编了这本教育成果集。衷心希望，这本书里的内容可以赋能更多的教育同仁、家长和孩子！

编　者